莎士比亚箴言录

Shashibiya Zhenyanlu

范华 /编写

吉林教育出版社

图书在版编目(CIP)数据

莎士比亚箴言录 / 范华编写. — 长春：吉林教育
出版社，2012.6（2022.10重印）

（和谐校园文化建设读本）

ISBN 978-7-5383-8776-6

Ⅰ. ①莎… Ⅱ. ①范… Ⅲ. ①莎士比亚，
W. (1564~1616)—箴言—青年读物②莎士比亚，
W. (1564~1616)—箴言—少年读物 Ⅳ.
①K835. 615. 6-49

中国版本图书馆 CIP 数据核字(2012)第 118050 号

莎士比亚箴言录
SHASHIBIYA ZHENYAN LU

范 华 编写

策划编辑 刘 军　　潘宏竹

责任编辑 尹曾花　　　　　　　　　　　**装帧设计** 王洪义

出版 吉林教育出版社(长春市同志街 1991 号　邮编 130021)

发行 吉林教育出版社

印刷 北京一鑫印务有限责任公司

| **开本** | 710 毫米×1000 毫米　1/16 | **印张** 9 | **字数** 114千字 |

版次 2012 年 6 月第 1 版　　**印次** 2022 年 10 月第 3 次印刷

书号 ISBN 978-7-5383-8776-6

定价 39. 80 元

编　委　会

主　　编：王世斌

执行主编：王保华

编委会成员：尹英俊　尹曾花　付晓霞

刘　军　刘桂琴　刘　静

张　瑜　庞　博　姜　磊

潘宏竹

（按姓氏笔画排序）

总 序

千秋基业，教育为本；源浚流畅，本固枝荣。

什么是校园文化？所谓"文化"是人类所创造的精神财富的总和，如文学、艺术、教育、科学等。而"校园文化"是人类所创造的一切精神财富在校园中的集中体现。"和谐校园文化建设"，贵在和谐，重在建设。

建设和谐的校园文化，就是要改变僵化死板的教学模式，要引导学生走出教室，走进自然，了解社会，感悟人生，逐步读懂人生、自然、社会这三本大书。

深化教育改革，加快教育发展，构建和谐校园文化，"路漫漫其修远兮"，奋斗正未有穷期。和谐校园文化建设的研究课题重大，意义重要，内涵丰富，是教育工作的一个永恒主题。和谐校园文化建设的实施方向正确，重点突出，是教育思想的根本转变和教育运行机制的全面更新。

我们出版的这套《和谐校园文化建设读本》，既有理论上的阐释，又有实践中的总结；既有学科领域的有益探索，又有教学管理方面的经验提炼；既有声情并茂的童年感悟；又有惟妙惟肖的机智幽默；既有古代哲人的至理名言，又有现代大师的谆谆教诲；既有自然科学各个领域的有趣知识；又有社会科学各个方面的启迪与感悟。笔触所及，涵盖了家庭教育、学校教育和社会教育的各个侧面以及教育教学工作的各个环节，全书立意深邃，观念新异，内容翔实，切合实际。

我们深信：广大中小学师生经过不平凡的奋斗历程，必将沐浴着时代的春风，吸吮着改革的甘露，认真地总结过去，正确地审视现在，科学地规划未来，以崭新的姿态向和谐校园文化建设的更高目标迈进。

让和谐校园文化之花灿然怒放！

本书编委会

目 录

一 人与人生·人的价值 ……………………………………… (001)

   1 人与人生：每个人都在人生的舞台上扮演着某个角色 …… (001)

   2 人的价值：不同的人各不相同 ……………………………… (007)

二 品德 …………………………………………………………… (011)

   1 品德之宝贵 ………………………………………………… (011)

   2 败坏品德的恶果 …………………………………………… (014)

三 智慧·知识·思想 …………………………………………… (016)

   1 智慧，使人胜过一切走兽飞禽 …………………………… (016)

   2 知识是人们飞升的羽翼 …………………………………… (019)

   3 思想是万物之源 …………………………………………… (021)

四 理智·情感 …………………………………………………… (024)

   1 人无理智，无异于禽兽 …………………………………… (024)

   2 理智无法诠释情感 ………………………………………… (025)

五 勇敢·胆怯 …………………………………………………… (028)

   1 勇气的价值 ………………………………………………… (028)

2 畏惧徒然沮丧了自己的勇气 ………………………………… (032)

六 荣誉 ………………………………………………………… (035)

　1 荣誉的价值 ………………………………………………… (035)

　2 浮华如梦 …………………………………………………… (038)

七 奋斗·梦想 ………………………………………………… (041)

　1 奋斗，本来无望的事往往能成功 ………………………… (041)

　2 梦想使人充满快乐，但也给人不幸 ……………………… (044)

八 时间 ………………………………………………………… (047)

　1 时间的力量 ………………………………………………… (047)

　2 人与时间 …………………………………………………… (050)

九 法律 ………………………………………………………… (051)

　1 法律的意义 ………………………………………………… (051)

　2 恶法的虚伪 ………………………………………………… (052)

十 为人处世 …………………………………………………… (053)

　1 做人要保持尊严 …………………………………………… (053)

　2 处世应通达 ………………………………………………… (055)

　3 凡事须三思而行 …………………………………………… (063)

　4 行动要果断 ………………………………………………… (066)

　5 把握时机 …………………………………………………… (067)

　6 表里未必如一 ……………………………………………… (071)

十一　真实·虚假 ……………………………………… (077)

　1　诚实比起腐败会赢得更多的好处 ……………… (077)

　2　谎话毫无价值 …………………………………… (083)

十二　美丽·丑陋 ……………………………………… (087)

　1　"美"一死，宇宙也就要再度 ………………… (087)

　2　丑事传扬开去，更加不可向迩 ……………… (091)

十三　善·恶 ……………………………………… (093)

　1　世禄之家，不务修善，虽有盛名，亦将隳败 ……… (093)

　2　宽仁是高尚人格的象征 ……………………… (096)

　3　罪恶最善于遮掩自己 ………………………… (098)

　4　恶行不会长久 ………………………………… (102)

　5　人心险恶 ……………………………………… (105)

　6　对邪恶不能姑息纵容 ………………………… (111)

十四　悲·欢 ……………………………………… (113)

　1　谁都免不了受烦恼和忧愁的缠绕 …………… (113)

　2　困苦是坚强之母 ……………………………… (115)

　3　悲哀可以适当，伤心却不可以过度 ………… (116)

　4　想到自己的苦难别人也曾熬受过，虽不能治愈痛楚，
　　却可以使它稍稍缓和 ……………………… (120)

　5　快乐难能可贵 ………………………………… (122)

十五　友谊 ……………………………………… (124)

　1　患难见真情 …………………………………… (124)

2 酒肉朋友终有散 …………………………………… （126）

十六　戏剧及其他 ……………………………………… （128）

1 关于戏剧 …………………………………………… （128）

2 关于纪律 …………………………………………… （130）

3 关于音乐 …………………………………………… （131）

4 关于想象 …………………………………………… （133）

5 其他 ……………………………………………… （134）

《莎士比亚十四行诗集》简介 ………………………… （136）

一　人与人生·人的价值

1　人与人生：每个人都在人生的舞台上扮演着某个角色

一个人的一生中扮演着好几个角色，他的表演可以分为七个时期。最初是婴孩，在保姆的怀中啼哭呕吐。然后是背着书包、满脸红光的学童，像蜗牛一样慢腾腾地拖着脚步，不情愿地呜咽着上学堂。然后是情人，像炉灶一样叹着气，写了一首悲哀的诗歌咏着他恋人的眉毛。然后是一个军人，满口发着古怪的誓，胡须长得像豹子一样，爱惜名誉，动不动就要打架，在炮口上寻求着泡沫一样的荣名。然后是法官，胖胖圆圆的肚子塞满了阉鸡，凛然的目光，整洁的胡须，满嘴都是格言和老生常谈，他这样扮了他的一个角色。第六个时期变成了精瘦的趿着拖鞋的龙钟老叟，鼻子上架着眼镜，腰边悬着钱袋，他那年轻时候节省下来的长袜子套在他皱瘪的小腿上显得宽大异常；他那朗朗的男子口音又变成了孩子似的尖声，像是吹着风笛和哨子。终结着这段古怪的多事的历史的最后一场，是孩提时代的再现，全然的遗忘，没有牙齿，没有眼睛，没有口味，没有一切。

杰奎斯　《皆大欢喜》，《莎士比亚全集》（以下简称"全集"）第 3 卷

人类是一件多么了不得的杰作！多么高贵的理性！多么伟大的力

量！多么优美的仪表！多么文雅的举动！宇宙的精华！万物的灵长！

哈姆莱特　《哈姆莱特》，全集第 9 卷

能够把感情和理智调整得那么适当，命运不能把他玩弄于指掌之间，那样的人是有福的。

哈姆莱特　《哈姆莱特》，全集第 9 卷

人们最爱用这一种糊涂思想来欺骗自己；往往当我们因为自己行为不慎而遭逢不幸的时候，我们就会把我们的灾祸归怨于日月星辰，好像我们做恶人也是命中注定，做傻瓜也是出于上天的旨意，做无赖、做盗贼、做叛徒，都是受到天体运行的影响，酗酒、造谣、奸淫，都有一颗什么星在那儿主持操纵，我们无论干什么罪恶的行为，全都是因为有一种超自我的力量在冥冥之中驱策着我们。

爱德蒙　《李尔王》，全集第 9 卷

没有一个人不是发疯似的干着一些不顾死活的勾当。

爱丽儿　《暴风雨》，全集第 1 卷

一个人要是把生活的幸福和目的，只看作吃吃睡睡，他还算是个什么东西？

哈姆莱特　《哈姆莱特》，全集第 9 卷

一个非常穷苦的人，受惯命运的打击，因为自己是从忧患中间过来的，所以对于不幸的人很容易抱以同情。

爱德伽　《李尔王》，全集第 9 卷

无论时世怎样艰难，一个人总可以安分度日的。

贼甲　《雅典的泰门》，全集第 8 卷

眼光浅近的人往往会把黑白混淆起来。

画师　《雅典的泰门》，全集第 8 卷

一个人无论天生有着什么奇才异能，倘若不把那种才能传达到别人的身上，他就等于一无所有；也只有在把才能发展出去以后所博得的赞美声中，才可以认识到他本身的价值……

俄底修斯　《特洛伊罗斯与克瑞西达》，全集第 7 卷

做人要公正，不要怕。

伍尔习　《亨利八世》，全集第 7 卷

人间的权力尊荣，总是逃不过他人的讥弹。

公爵　《一报还一报》，全集第 1 卷

与其做愚蠢的智人，不如做聪明的愚人。

小丑　《第十二夜》，全集第 4 卷

我们谁都免不了一死，与其在世上偷生苟活，拖延着日子，还不如轰轰烈烈地死去。

勃鲁托斯　《裘力斯·凯撒》，全集第 8 卷

人是无论什么时候都应该老老实实的。

贵族甲　《雅典的泰门》，全集第 8 卷

一个人到了困穷无告的时候，微贱的东西竟也会变成无价之宝。

李尔 《李尔王》，全集第 9 卷

贪生怕死，是我们人类的常情，我们宁愿每小时忍受着死亡的惨痛，也不愿一下子结束自己的生命。

爱德伽 《李尔王》，全集第 9 卷

人总是人，圣贤也有错误的时候。

伊阿古 《奥瑟罗》，全集第 9 卷

没有受过伤的才会讥笑别人身上的创痕。

罗密欧 《罗密欧与朱丽叶》，全集第 8 卷

聪明人变成了痴愚，是一条最容易上钩的游鱼，因为他凭恃才高学广，看不见自己的狂妄。

公主 《爱的徒劳》，全集第 2 卷

为了惧怕可能发生的祸患而结束自己的生命，是一件懦弱卑劣的行为。

勃鲁托斯 《裘力斯·凯撒》，全集第 8 卷

女人是天生骄傲的，谁也对她无可奈何。

朗斯 《维洛那二绅士》，全集第 1 卷

谁会在席终人散以后，食欲还像初入座时候那么强烈？哪一匹马在冗长的归途上，会像它起程时那么长驱疾驰？

葛莱西安诺 《威尼斯商人》，全集第 3 卷

说话慢条斯理是女人最大的美德。

朗斯　《维洛那二绅士》，全集第 1 卷

人一旦倒运，他就成了众人脚下的泥，而且一旦成泥，就没有人肯把他再拾起。

《维纳斯与阿都尼》，全集第 11 卷

一个人倒起运来，就要跟妖怪一起睡觉。

特林鸠罗　《暴风雨》，全集第 1 卷

一个人不走运时，自己的仆人也会像恶狗一样反过来咬他一口。

朗斯　《维洛那二绅士》，全集第 1 卷

如果你不繁殖，供给大地生息之资，

那大地为什么就该繁殖，供你生息？

《维纳斯与阿都尼》，全集第 11 卷

我们往往在享有某一件东西的时候，一点不看重它的好处；等到失掉它以后，却会格外夸张它的价值，发现当它还在我们手里的时候所看不出来的优点。

神甫　《无事生非》，全集第 2 卷

全世界是一个舞台，所有的男男女女不过是一些演员，他们都有下场的时候，也都有上场的时候。

杰奎斯　《皆大欢喜》，全集第 3 卷

人生不过是一个行走的影子，一个在舞台上指手画脚的拙劣的伶人，登场片刻，就在无声无息中悄然退下；它是一个愚人所讲的故事，充满着喧哗和骚动，却找不到一点意义。

　　　　　　　　　　　　麦克白　　《麦克白》，全集第 8 卷

我把这个世界不过看作一个舞台，每一个人必须在这舞台上扮演一个角色，我扮演的是一个悲哀的角色。

　　　　　　　　　　安东尼奥　　《威尼斯商人》，全集第 3 卷

人生就像一段重复叙述的故事一般可厌，扰乱一个倦怠者的懒洋洋的耳朵；辛酸的耻辱已经损害了人世的美味，除了耻辱和辛酸以外，它便一无所有。

　　　　　　　　　　　　路易　　《约翰王》，全集第 4 卷

最好的戏剧也不过是人生的一个缩影；最坏的只要用想象补足一下，也就不会坏到什么地方去。

　　　　　　　　　　忒修斯　　《仲夏夜之梦》，全集第 2 卷

人生的种种目的，往往在最后关头达到了完成的境界；长期的艰辛所不能取得结果的，却会在紧急的一刻中得到决定。

　　　　　　　　　　　　国王　　《爱的徒劳》，全集第 2 卷

一个人成长的过程，不仅是肌肉和体格的增强，而且随着身体的发展，精神和心灵也同时扩大。

　　　　　　　　　　雷欧提斯　　《哈姆莱特》，全集第 9 卷

生命的时间是短促的，但是即使生命随着时钟的指针飞驰，到了一小时就要宣告结束，要卑贱地消磨这段短时间却也嫌太长。

霍茨波　《亨利四世　上篇》，全集第 5 卷

在我所听到过的一切怪事之中，人们的贪生怕死是一件最奇怪的事情，因为死本来是一个人免不了的结局，它要来的时候谁也不能叫它不来。

凯撒　《裘力斯·凯撒》，全集第 8 卷

死虽然是苦事，却可以结束人生的惨痛。

约克　《理查二世》，全集第 4 卷

世间有几个幸运人，曾尽情享受欢悦！
纵令让人享有了，它也会匆匆凋谢。
急遽有如晨间一珠珠银白的露液，
在骄阳金辉凌迫下，倏尔消失、幻灭。
还未曾好好开始，就已经期满、终结。

《鲁克丽丝受辱记》，全集第 11 卷

贫穷而知足，可以赛过富有；有钱的人要是时时刻刻都在担心他会有一天变成穷人，那么即使他有无限的资财，实际上也像冬天一样贫困。

伊阿古　《奥瑟罗》，全集第 9 卷

2　人的价值：不同的人各不相同

挺拔的青杉不应俯首于卑微的灌木，

只应让低矮的灌木在青杉脚下凋枯。

《鲁克丽丝受辱记》，全集第 11 卷

高人隐士，他们潜居在并不比这洞窟更大的斗室之内，洁身自好，与世无争，保持他们纯洁的德行，把世俗的过眼荣华置之不顾……

伊摩琴　《辛白林》，全集第 10 卷

谁要是死心塌地追随一个失势的主人，那么他的主人虽然被他的环境征服了，他却能够征服那种环境而不为所屈，这样的人是应该在历史上永远占据一个地位的。

爱诺巴勃斯　《安东尼与克莉奥佩特拉》，全集第 10 卷

欲代上天行惩，先应玉洁冰清；
持躬唯谨唯慎，孜孜以德自绳；
诸事扪心自省，待人一秉至公；
决不滥加残害，对己放肆纵容。

公爵　《一报还一报》，全集第 1 卷

人不是驴子，谁甘心听人家使唤？

阿德里安娜　《错误的喜剧》，全集第 2 卷

宁愿做一朵篱下的野花，不愿做一朵受恩惠的蔷薇；与其逢迎献媚，偷取别人的欢心，毋宁被众人所鄙弃。

约翰　《无事生非》，全集第 2 卷

人们为了希望得到重大的利益，才会不惜牺牲一切；一颗贵重的

心，决不会屈躬俯就鄙贱的外表……

摩洛哥亲王　《威尼斯商人》，全集第 3 卷

我不愿选择众人所希求的东西，因为我不愿随波逐流，与庸俗的群众为伍。

阿拉贡亲王　《威尼斯商人》，全集第 3 卷

与其被人在表面上恭维而背地里鄙弃，那么还是像这样自己知道为举世所不容的好。

爱德伽　《李尔王》，全集第 9 卷

谁要是弯弓射杀未成年的孱弱牝鹿，
他就决不能算是一个合格的猎人。

《鲁克丽丝受辱记》，全集第 11 卷

有一辈天生的奴才，他们卑躬屈节，拼命讨主人的好，甘心受主人的鞭策，像一头驴子似的，为了一些粮草而出卖他们的一生，等到年纪老了，主人就把他们撵走。这种老实的奴才是应该抽一顿鞭子的。

伊阿古　《奥瑟罗》，全集第 9 卷

变节的叛徒在历史上将要永远留下被人唾骂的污名……

爱诺巴勃斯　《安东尼与克莉奥佩特拉》，全集第 10 卷

患难可以试验一个人的品格；非常的境遇方才可以显出非常的气节；风平浪静的海面，所有的船只都可以并驱竞胜；命运的铁拳击中

要害的时候，只有大勇大智的人才能够处之泰然……

科利奥兰纳斯　《科利奥兰纳斯》，全集第 7 卷

发光的不全是黄金。

摩洛哥亲王　《威尼斯商人》，全集第 3 卷

世上尽有些呆鸟，空有着一个镀银的外表。

阿拉贡亲王　《威尼斯商人》，全集第 3 卷

世事的起伏本来是波浪式的，人们要是能够趁着高潮勇往直前，一定可以功成名就；要是不能把握时机，就要终身蹭蹬，一事无成。

勃鲁托斯　《裘力斯·凯撒》，全集第 8 卷

做人总要吃些苦，才会有舒服的日子过。

桂嫂　《亨利四世　上篇》，全集第 5 卷

二 品 德

1 品德之宝贵

道德和才艺是远胜于富贵的资产；堕落的子孙可以把贵显的门第败坏，把巨富的财产荡毁，可是道德和才艺却可以使一个凡人成为不朽的神明。

萨利蒙 《泰尔亲王配力克里斯》，全集第 10 卷

上天生下我们，是要把我们当成火炬，不是照亮自己，而是普照世界，因为我们的德行倘不能推及他人，那就等于没有一样。

公爵 《一报还一报》，全集第 1 卷

夜里辉煌的灯光，
本是把自己的油耗干了，才把人间照亮。

《维纳斯与阿都尼》，全集第 11 卷

太阳，它容忍污浊的浮云遮蔽它的庄严的宝相，然而当它一旦穿破丑恶的阻障，大放光明的时候，人们因为仰望已久，将要格外对它惊奇赞叹。

亲王 《亨利四世 上篇》，全集第 5 卷

你应该温柔仁爱，像你外观，

至少对你自己有好心肠：

为了爱我，你应再造自己，

让美永存于你或你的孩子。

《莎士比亚十四行诗集》，第 10 篇

你好幸福，美德恩惠无疆。

《莎士比亚十四行诗集》，第 51 篇

针对着我谩骂，只能暴露他们自家荒淫：可能我是正直，他们偏差。

《莎士比亚十四行诗集》，第 121 篇

无论一个人的天赋如何优异，外表或内心如何美好，也必须在他的德行的光辉照耀到他人身上发生了热力，再由感受他的热力的人把那热力反射到自己身上的时候，才能体会到他本身的价值的存在。

俄底修斯　《特洛伊罗斯与克瑞西达》，全集第 7 卷

造物给你美貌，也给你美好的德行；没有德行的美貌，是转瞬即逝的；可是因为在你的美貌之中有一颗美好的灵魂，所以你的美貌是永存的。

公爵　《一报还一报》，全集第 1 卷

你因为贫穷，所以是最富有的；你因为被遗弃，所以是最可宝贵的；你因为遭人轻视，所以最蒙我的怜爱。我现在把你和你的美德一起攫在我的手里；人弃我取是法理上所许可的。

法兰西王　《李尔王》，全集第 9 卷

道德的行动较之仇恨的行动是可贵得多的。

普洛斯彼罗　《暴风雨》，全集第 1 卷

在命运的颠沛中，最可以看出人们的气节：风平浪静的时候，有多少轻如一叶的小舟，敢在宁谧的海面上行驶，和那些载重的大船并驾齐驱！可是一等到风涛怒作的时候，你就可以看见那坚固的大船像一匹凌空的天马，从如山的雪浪里腾跃疾进；那凭着自己单薄脆弱的船身，便想和有力者竞胜的不自量力的小舟呢，不是逃进港口，便是葬身大海。表面上勇敢和实际的威武，也正是这样在命运的风浪中区别出来：在和煦的阳光照耀之下，迫害牛羊的不是猛虎而是蝇虻；可是当烈风吹倒了多节的橡树，蝇虻向有荫庇的地方纷纷飞去的时候，那山谷中的猛虎便会应和着天风的怒号，发出惊人的长啸，正像一个叱咤风云的志士，不肯在命运的困迫之前低头一样。

涅斯托　《特洛伊罗斯与克瑞西达》，全集第 7 卷页

人生除了天然的需要以外，要是没有其他的享受，那和畜类的生活有什么区别。

李尔　《李尔王》，全集第 9 卷

什么都比不上厄运更能磨炼人的德行。

刚特　《理查二世》，全集第 4 卷

军人总是身无长物的，钱财难得会到你的手里；因为你的生活是与死为邻，你所有的土地都在疆场之上。

泰门　《雅典的泰门》，全集第 8 卷

黑炭才是最好的颜色，它是不屑于用其他的色彩涂染的；大洋里所有的水不能使天鹅的黑腿变成白色，虽然它每时每刻都在波涛里冲洗。

> 艾伦　《泰特斯·安德洛尼克斯》，全集第 7 卷

黑夜无论怎样悠长，白昼总会到来的。

> 马尔康　《麦克白》，全集第 8 卷

2　败坏品德的恶果

这样便有智慧，美丽，繁荣；否则只有愚昧，老迈，冷朽；人心像你，世代一定绝种，六十年间便将世界送走。让天生不作储传的人们，粗糙，丑陋，野蛮，无后而终；灵秀所钟的人，得天厚恩。

> 《莎士比亚十四行诗集》，第 11 篇

在一个伤心人的面前装傻，对自己、对别人，都是一件不愉快的行为。

> 爱德伽　《李尔王》，全集第 9 卷

忘恩负义是一种极大罪恶……

> 市民丙　《科利奥兰纳斯》，全集第 7 卷

因为自恃己长的缘故，他的优点已经开始在我们眼中失去光彩，正像一枚很好的鲜果，因为放在龌龊的盆子里，没有人要去吃它，只好听任它腐烂。

> 阿伽门农　《特洛伊罗斯与克瑞西达》，全集第 7 卷

葱茏挺拔的青松，树皮一旦被剥尽，

它的汁液会枯竭，它的枝叶会凋零；

灵魂的树皮已剥去，灵魂也必得凋殒。

《鲁克丽丝受辱记》，全集第 11 卷

猜忌一向是美貌的衬饰，万里晴空飞过一只乌鸦。

《莎士比亚十四行诗集》，第 70 篇

贪求美誉，反而损你美誉。

《莎士比亚十四行诗集》，第 84 篇

你的美貌真像夏娃果子，如果你的品德不符外体！

《莎士比亚十四行诗集》，第 93 篇

那花儿如果感染卑鄙，最贱野草也还比她优雅：

最甜美的，行为败坏，最酸；百合腐烂，远比野草臭贱。

《莎士比亚十四行诗集》，第 94 篇

多少羔羊会被恶狼陷害，如果它能变成羔羊模样！

《莎士比亚十四行诗集》，第 96 篇

我举势利小人作为例子，他们作恶终生，行善唯死。

《莎士比亚十四行诗集》，第 124 篇

三 智慧·知识·思想

1 智慧，使人胜过一切走兽飞禽

人类是控制陆地和海洋的主人，天赋的智慧胜过一切走兽飞禽。

露西安娜　《错误的喜剧》，全集第 2 卷

智慧越是遮掩，越是明亮，正像你的美貌因为蒙上黑纱而十倍动人。

安哲鲁　《一报还一报》，全集第 1 卷

智慧和命运互相冲突的时候，要是智慧有胆量贯彻它的主张，没有意外的机会可以摇动它的。

赛琉斯　《安东尼与克莉奥佩特拉》，全集第 10 卷

只有愚人才会拒绝智慧的良言。

臣甲　《泰尔亲王配力克里斯》，全集第 10 卷

凡是日月所照临的所在，在一个智慧的人看来都是安身的乐土。

刚特　《理查二世》，全集第 4 卷

明智的人决不会坐下来为失败而哀号，他们一定乐观地寻找办法来加以挽救。

　　　　　　　玛格莱特王后　《亨利六世　下篇》，全集第 6 卷

有勇无谋，结果一定失败。

　　　　　　　爱诺巴勃斯　《安东尼与克莉奥佩特拉》，全集第 10 卷

智谋出于急难，巧计生于临危。

　　　　　　　《维纳斯与阿都尼》，全集第 11 卷

一个本领超群的人，必须在一群劲敌之前，方才能够显出他的不同凡俗的身手。

　　　　　　　西蒙尼狄斯　《泰尔亲王配力克里斯》，全集第 10 卷

当我们仰望着天上的火眼的时候，无论我们自己的眼睛多么明亮，也会在耀目的金光下失去它本来的光彩，您自己因为有了浩如烟海的才华，所以在您看来，当然聪明也会变成愚蠢，富有也会变成贫乏啦。

　　　　　　　俾隆　《爱的徒劳》，全集第 2 卷

假如用一扇门把一个女人的才情关起来，它会从窗子里钻出来的；关了窗，它会从钥匙孔里钻出来的；塞住了钥匙孔，它会跟着一道烟从烟囱里飞出来的。

　　　　　　　罗瑟琳　《皆大欢喜》，全集第 3 卷

一定是实践和实际的人生经验教给了他这么些高深的理论。

　　　　　　　坎特伯雷　《亨利五世》，全集第 5 卷

智虑是勇敢的最大要素，凭着它我才保全了我的生命。

福斯塔夫　《亨利四世　上篇》，全集第 5 卷

人家说，最好的好人，都是犯过错误的过来人；一个人往往因为有一点小小的缺点，将来会变得更好。

玛利安娜　《一报还一报》，全集第 1 卷

傻瓜的愚蠢往往是聪明人的砺石。

西莉娅　《皆大欢喜》，全集第 3 卷

钓鱼最有趣的时候，就是瞧那鱼儿用它的金桨拨开银浪，贪馋地吞那陷人的美饵。

欧苏拉　《无事生非》，全集第 2 卷

要是你们在战争中间，为了达到你们的目的起见，不妨采用权谋，示人以诈，而这样的行为对于荣誉并无损害；那么在和平的时候，万一也像战时一样需要权谋，为什么它就不能和荣誉并行不悖呢？

伏伦妮娅　《科利奥兰纳斯》，全集第 7 卷

一个不容易产生嫉妒的人一旦被人煽动以后，就会糊涂到极点。

奥瑟罗　《奥瑟罗》，全集第 9 卷

他的乖僻对于他的智慧是一种调味品，使人们在咀嚼他的言语的时候，可以感到一种深长的滋味。

凯歇斯　《裘力斯·凯撒》，全集第 8 卷

鹰隼放任小鸟的歌吟，不去理会它们唱些什么，它知道它的飞翼的黑影，可以随时遏止它们的乐曲。

塔摩拉　《泰特斯·安德洛尼克斯》，全集第7卷

读书人总是这样舍近而求远，当他一心研究着怎样可以达到他的志愿的时候，却把眼前所应该做的事情忘了；等到志愿成就，正像用火攻夺城市一样，得到的只是一堆灰烬。

俾隆　《爱的徒劳》，全集第2卷

越是本领超人一等，越是口口声声不满意自己的才能。

彼德罗　《无事生非》，全集第2卷

傻瓜们自恃聪明，免不了被聪明误了前程。

鲍西娅　《威尼斯商人》，全集第3卷

简洁是智慧的灵魂，冗长是肤浅的藻饰。

波洛涅斯　《哈姆莱特》，全集第9卷

谁要是知道用最有力而最可靠的手段取得他所需要的事物，他就有充分享受它的权利。

理查王　《理查二世》，全集第4卷

2　知识是人们飞升的羽翼

学问是我们随身的财产，我们自己在什么地方，我们的学问也跟

着我们在一起。

俾隆　《爱的徒劳》，全集第 2 卷

学问必须合乎自己的兴趣，方才可以得益。

特拉尼奥　《驯悍记》，全集第 3 卷

学问是人们借以飞升天堂的羽翼。

赛伊　《亨利六世　中篇》，全集第 6 卷

他接受学问的熏陶，就像我们呼吸空气一样，俯仰之间，皆成心得，在他生命的青春时期，已经得到了丰富的收获。……对于少年人，他是一个良好的模范，对于涉世已深之辈，他是一面可资取法的明镜；对于老成之士，他是一个后生可畏的小子。

绅士甲　《辛白林》，全集第 10 卷

学问就像是高悬中天的日轮，愚妄的肉眼不能测度它的高深；孜孜矻矻的腐儒白首穷年，还不是从前人书本里掇拾些片爪寸鳞？那些自命不凡的文人学士，替每一颗星球取下一个名字；可是在众星吐辉的夜里，灿烂的星光一样会照射到无知的俗子。过分的博学无非浪博虚声，每一个敬父都会替孩子命名。

俾隆　《爱的徒劳》，全集第 2 卷

镜子会显示你美的消损，日晷显示光阴如何花费；空白纸页负载你的心印，由这册子你会体味智慧。

《莎士比亚十四行诗集》，第 77 篇

要是读书果然有这样的用处，能够知道目前还不知道的东西，你尽可以命我发誓，我一定踊跃从命，决无二言。

俾隆　《爱的徒劳》，全集第 2 卷

一个人长得漂亮是偶然的运气，会写字念书才是天生的本领。

道格培里　《无事生非》，全集第 2 卷

叫花子的学问比贵族的血统还值钱呢。

勃金汉　《亨利八世》，全集第 7 卷

一个人思虑太多，就会失却做人的乐趣。

葛莱西安诺　《威尼斯商人》，全集第 3 卷

似乎不会有的事，不一定不可能。

依莎贝拉　《一报还一报》，全集第 1 卷

3　思想是万物之源

世上的事情本来没有善恶，都是各人的思想把它们分别出来的。

哈姆莱特　《哈姆莱特》，全集第 9 卷

我的头脑是我的心灵的妻子，我的心灵是我的思想的父亲；它们两个产下了一代生生不息的思想，这些思想充斥在这小小的世界之上，正像世上的人们一般互相倾轧，因为没有一个思想是满足的。

理查王　《理查二世》，全集第 4 卷

若是一个人的思想不能比飞鸟上升得更高，那就是一种微不足道的思想。

葛罗斯特　《亨利六世　中篇》，全集第 6 卷

在时代转变的前夕总是这样，人们的天赋心灵使得他们担心未来的危机；好比我们见到海水高涨就知道会有一场暴风雨一样。

市民丙　《理查三世》，全集第 6 卷

一个人除非没有脑子，否则总会思想的。

里昂提斯　《冬天的故事》，全集第 4 卷

……这些甜蜜的思想给予我新生的力量，在我干活的当儿，我的思想最活跃。

腓迪南　《暴风雨》，全集第 1 卷

危险的思想本来就是一种毒药，虽然在开始的时候尝不到什么苦涩的味道，可是渐渐地在血液里活动起来，就会像硫矿一样轰然爆发。

伊阿古　《奥瑟罗》，全集第 9 卷

野心勃勃的思想总在计划不可能的奇迹；……可是因为它们没有这样的能力，所以只能在它们自己的盛气之中死去。

理查王　《理查二世》，全集第 4 卷

但因她们只有外表的美，没有人敬人爱，自开自谢。

《莎士比亚十四行诗集》，第 54 篇

我的思想谈话都像疯子，任性远离真实，信口胡言。

《莎士比亚十四行诗集》，第 147 篇

四　理智·情感

1　人无理智，无异于禽兽

……我们人类没有了理智，不过是画上的图形，无知的禽兽。

国王　《哈姆莱特》，全集第 9 卷

请用理性的液汁熄火或减弱感情的火焰吧。

诺福克　《亨利八世》，全集第 7 卷

要是在我们的生命之中，理智和情欲不能保持平衡，我们血肉的邪心就会引导我们到一个荒唐的结局；可是我们有的是理智，可以冲淡我们汹涌的热情、肉体的刺激和奔放的淫欲。

伊阿古　《奥瑟罗》，全集第 9 卷

疑惑足以败事，一个人往往因为遇事畏缩的缘故，失去了成功的机会。

路西奥　《一报还一报》，全集第 1 卷

看来人们的理智也是他们命运中的一部分，一个人倒了霉，他的头脑也就跟着糊涂了。

爱诺巴勃斯　《安东尼与克莉奥佩特拉》，全集第 10 卷

被……随口毁弃的空口的盟誓所迷惑，简直是无可理喻的疯狂！

克莉奥佩特拉　《安东尼与克莉奥佩特拉》，全集第 10 卷

我们有时往往会把我们的损失当作莫大的幸事！

臣甲　《终成眷属》，全集第 3 卷

今后将要敌忾同仇，步伐一致，不再蹈同室操戈的覆辙；我们决不再让战争的锋刃像一柄插在破鞘里的刀子一般，伤害它自己的主人。

亨利王　《亨利四世　上篇》，全集第 5 卷

他充分明白他不能凭着一时的猜疑，把国内的敌对势力铲除净尽；他的敌人和他的友人是固结而不可分的，拔去一个敌人，也就是使一个友人离心。正像一个被他凶悍的妻子所激怒的丈夫一样，当他正要动手打她的时候，她却把他的婴孩高高举起，使他不能不存着投鼠忌器的戒心。

约克　《亨利四世　下篇》，全集第 5 卷

理智无救，我便无病可治，一时一刻不安，狂癫错乱。

《莎士比亚十四行诗集》，第 147 篇

2　理智无法诠释情感

理智可以制定法律来约束感情，可是热情激动起来，就会把冷酷

的法令蔑弃不顾，年轻人是一头不受拘束的野兔，会跳过老年人所设立的理智樊篱。

鲍西娅 《威尼斯商人》，全集第 3 卷

因为一个人的感情完全受着善恶的支配，谁也做不了自己的主。

夏洛克 《威尼斯商人》，全集第 3 卷

一个不惯于流泪的人，可是当他被感情征服的时候，也会像涌流着胶液的阿拉伯胶树一般两眼泛滥。

奥瑟罗 《奥瑟罗》，全集第 9 卷

愚人的蠢事算不得稀奇，聪明人的蠢事才叫人笑痛肚皮，因为他用全副的本领证明他自己的愚笨。

玛利亚 《爱的徒劳》，全集第 2 卷

同样价值的东西，往往因为主人的喜恶而分出高下。

宝石匠 《雅典的泰门》，全集第 8 卷

酒杯里也许浸着一个蜘蛛，一个人喝了酒，却不会中毒，因为他没有知道这回事；可是假如他看见了这个可怕的东西，知道他怎样喝过了这杯里的酒，他便要呕吐狼藉了。

里昂提斯 《冬天的故事》，全集第 4 卷你用泪水使我盲目，生怕明眼看出你的罪恶。

《莎士比亚十四行诗集》，第 148 篇

受着你的秋波一转操纵，我倾全力崇拜你的短处。

《莎士比亚十四行诗集》，第 149 篇

五　勇敢·胆怯

1　勇气的价值

如果不辞辛苦，拿出勇气，就一定能够转危为安，这时节假如撇下船舵，像胆小的儿童一般，眼泪汪汪地把泪水洒进海水，那就只会增添水势……

玛格莱特王后　《亨利六世　下篇》，全集第 6 卷

雄狮的神威可以使豹子慑伏。

理查王　《理查二世》，全集第 4 卷

勇敢是世人公认的最大美德，有勇的人是最值得崇敬的……

考密涅斯　《科利奥兰纳斯》，全集第 7 卷

感发人心的忠勇，可以使一根纺线杆变成一柄长枪。

波塞摩斯　《辛白林》，全集第 10 卷

有德必有勇，正直的人决不胆怯。

公爵　《一报还一报》，全集第 1 卷

真正勇敢的人，应当能够智慧地忍受最难堪的屈辱，不以身外的荣辱介怀，用息事宁人的态度避免无谓的横祸。

元老甲　《雅典的泰门》，全集第 8 卷

鸟类中最微小的鹪鹩也会奋不顾身，和鸱鸮争斗，保护它巢中的众雏。

麦克德夫夫人　《麦克白》，全集第 8 卷

真正的伟大不是轻举妄动，而是在荣誉遭遇危险的时候，即使为了一根稻秆之微，也要慷慨力争。

哈姆莱特　《哈姆莱特》，全集第 9 卷

那无知无识的畜类都还懂得饲养它们的后代，虽然它们看到人脸觉得可怕，可是如果有人掏它们的窝巢，它们为了保护幼雏，就不再举翼惊飞，而用它们的翅膀来与人搏斗，甚至牺牲生命也在所不惜。

克列福　《亨利六世　下篇》，全集第 6 卷

真能捐躯疆场的人，一定能够奋不顾身；至于爱惜身家的人，纵使博得勇敢之名，也只是出于侥幸，绝没有勇敢之实。

小克列福　《亨利六世　中篇》，全集第 6 卷

凭着一往无前的锐气，和张牙舞爪的雄狮为敌……

亨利王　《亨利四世　上篇》，全集第 5 卷

说句不逊的话，世上无论哪一个势力强大的人，我都敢当面捋他

的胡须。

道格拉斯　《亨利四世　上篇》，全集第 5 卷

本来无望的事，大胆尝试，往往能成功。

《维纳斯与阿都尼》，全集第 11 卷

懦夫在未死以前，就已经死过好多次。勇士一生只死一次。

凯撒　《裘力斯·凯撒》，全集第 8 卷

忠贞的胸膛里一颗勇敢的心灵，就像藏在十重键锁的箱中的珠玉。

毛勃雷　《理查二世》，全集第 4 卷

能够抱着必死之念，那么活果然好，死也无所惶虑。

公爵　《一报还一报》，全集第 1 卷

过分的惊惶会使一个人忘怀了恐惧，不顾死活地蛮干下去；在这一种心情之下，鸽子也会向鸷鸟猛啄。

爱诺巴勃斯　《安东尼与克莉奥佩特拉》，全集第 10 卷

习惯暴力已经使我把冷酷无情的战场当作我的温软的眠床，对于艰难困苦，我总是挺身而赴。

奥瑟罗　《奥瑟罗》，全集第 9 卷

要是在希腊的济济英才中，有谁重视荣誉甚于安乐；有谁为了博取世人的赞美，不惜冒着重大的危险；有谁信任着自己的勇气，不知道世间有可怕的事；要是有这样的人，那么请他接受赫克托的

挑战。

埃涅阿斯　《特洛伊罗斯与克瑞西达》，全集第 7 卷

　　我们的身体就像一座园圃，我们的意志是这园圃里的园丁；不论我们插荨麻、种莴苣、栽下牛膝草、拔起百里香，或者单独培植一种草木，或者把全园种得万卉纷披，让它荒废不治也好，把它辛勤耕垦也好，那权力都在于我们的意志。

伊阿古　《奥瑟罗》，全集第 9 卷

　　只要有线索可寻，我总会找出事实的真相，即使那真相一直藏在地球的中心。

波洛涅斯　《哈姆莱特》，全集第 9 卷

　　当一幢房屋坍下的时候而不知道趋避，这一种勇气是被称为愚笨的。

考密涅斯　《科利奥兰纳斯》，全集第 7 卷

　　谴责和非难永远是勇敢的报酬。

福斯塔夫　《亨利四世　下篇》，全集第 5 卷

　　世上没有一个媒人会比一个勇敢的名声更能说动女人的心了。

托比　《第十二夜》，全集第 4 卷

　　我们决不让我们的国土用她自己子女的血涂染她的嘴唇；我们决不让战壕毁坏她的田野；决不让战马的铁蹄蹂躏她的花草。

亨利王　《亨利四世　上篇》，全集第 5 卷

人们在被命运眷宠的时候，勇、怯、强、弱、智、愚、贤、不肖，都看不出什么分别来；可是一旦为幸运所抛弃，开始涉历惊涛骇浪的时候，就好像有一把有力的大扇子，把他们扇开了，柔弱无用的都被扇去，有毅力、有操守的却会屹立不动。

阿伽门农　《特洛伊罗斯与克瑞西达》，全集第 7 卷

草木是靠着上天的雨露滋长的，但是它们也敢仰望苍穹。

赫力堪纳斯　《泰尔亲王配力克里斯》，全集第 10 卷

刀剑虽破，比起手无寸铁来，总是略胜一筹。

公爵　《奥瑟罗》，第 9 卷

和平本身就是一种胜利，因为双方都是光荣的屈服者，可是谁也不曾失败。

约克　《亨利四世　下篇》，第 5 卷

庄严的大海产生蛟龙和鲸鲵，清浅的小河里只有一些供鼎俎的美味的鱼虾。

伊摩琴　《辛白林》，全集第 10 卷

2　畏惧徒然沮丧了自己的勇气

畏惧敌人徒然沮丧了自己的勇气，也就是削弱自己的力量，增加敌人的声势，等于让自己的愚蠢攻击自己。畏惧并不能免于一死，战

争的结果大不了也不过一死。奋战而死，是以死亡摧毁死亡；畏怯而死，却做了死亡的奴隶。

> 卡莱尔　《理查二世》，全集第 4 卷

在一切卑劣的情感之中，恐惧是最最要不得的。

> 贞德　《亨利六世　上篇》，全集第 6 卷

最软弱的果子最先落在地上……

> 安东尼奥　《威尼斯商人》，全集第 3 卷

在计划一件危险的行动和开始行动之间的一段时间里，一个人就好像置身于一场可怖的噩梦之中，遍历种种的幻象。

> 勃鲁托斯　《裘力斯·凯撒》，全集第 8 卷

在诚惶诚恐的忠诚的畏怯上表示出来的意味，并不少于一条娓娓动听的辩舌和无所忌惮的口才。

> 忒修斯　《仲夏夜之梦》，全集第 2 卷

怯懦的父亲会生怯懦的儿子，卑贱的事物出于卑贱。有谷子也就有糠麸，有猥琐的小人，也就有偶傥的豪杰。

> 培拉律斯　《辛白林》，全集第 10 卷

人们因为一时的猜疑而引起的恐惧，往往会由于忧虑愈加增长，先不过是害怕可能发生的祸害，跟着就会苦苦谋求防止的对策。

> 配力克里斯　《泰尔亲王配力克里斯》，全集第 10 卷

盲目的恐惧有明眼的理智领导，比之凭着盲目的理智毫无恐惧地横冲直撞，更容易找到一个安全的立足点，倘能时时忧虑着最大的不幸，那么在较小的不幸来临的时候往往可以安之若素。

克瑞西达　《特洛伊罗斯与克瑞西达》，全集第 7 卷

最柔弱的人最容易受幻想的激动。

鬼魂　《哈姆莱特》，全集第 9 卷

有时候一时孟浪，往往反而做出一些为我们的深谋远虑所做不成功的事。

哈姆莱特　《哈姆莱特》，全集第 9 卷

六 荣　誉

1　荣誉的价值

生命是每个人所重视的；可是高贵的人重视荣誉远过于生命。

赫克托　《特洛伊罗斯与克瑞西达》，全集第 7 卷

我的荣誉就是我的生命，……取去我的荣誉，我的生命也就不再存在。……我借着荣誉而生，也愿为荣誉而死。

毛勃雷　《理查二世》，全集第 4 卷

最好的光荣应该来自我们自己的行动，而不是倚恃家门。

国王　《终成眷属》，全集第 3 卷

让危险布满在自东至西的路上，荣誉却从北至南与之交错，让它们相互搏斗，啊！激怒一头雄狮比追赶一只野兔更使人热血沸腾。

霍茨波　《亨利四世　上篇》，全集第 5 卷

在战争中间，荣誉和权谋就像亲密的朋友一样不可分离。

伏伦妮娅　《科利奥兰纳斯》，全集第 7 卷

无论男人女人，名誉是他们灵魂里面最切身的珍宝。谁偷窃我的钱囊，不过偷窃到一些废物，一些虚无的东西，它只是从我的手里转到他的手里，而它也曾做过千万人的奴隶；可是谁偷去了我的名誉，那么他虽然并不因此而富足，我却因为失去它而赤贫了。

伊阿古 《奥瑟罗》，全集第 9 卷

让众人所追求的名誉永远记录在我们的墓碑上，使我们在死亡的耻辱中获得不朽的光荣；不管饕餮的时间怎样吞噬着一切，我们要在这一息尚存的时候，努力博取我们的名声，使时间的镰刀不能伤害我们；我们的生命可以终了，我们的名誉却要永垂万古。

国王 《爱的徒劳》，全集第 2 卷

当我估量到了生命中所有的忧愁的时候，我就觉得生命是不值得留恋的；可是名誉是我所要传给我的后人的，它是我唯一关心的事物。

赫米温妮 《冬天的故事》，全集第 4 卷

无瑕的名誉是世间最纯粹的珍宝；失去了名誉，人类不过是一些镀金的粪土，染色的泥块。

毛勃雷 《理查二世》，全集第 4 卷

我宁愿失去这脆弱易碎的生命，也不能容忍你从我手里赢得不可一世的声名；它伤害我的思想，甚于你的剑伤害我的肉体。

霍茨波 《亨利四世 上篇》，全集第 5 卷

人的地位越显赫，行为越惹人注意——或使他受到尊敬，或给他招来怨隙，最大的耻辱总是伴着最高的品级。

《鲁克丽丝受辱记》，全集第 11 卷

涂上釉彩的宝石容易失去光润，最好的黄金禁不起人手的磨损，尽管他是名誉良好的端人正士，一朝堕落了也照样会不知羞耻。

　　　　　　　　　　阿德里安娜　《错误的喜剧》，全集第 2 卷

诺言是最有礼貌、最合时尚的事，失行就像一种遗嘱，证明本人的理智已经害着极大的重症。

　　　　　　　　　　画师　《雅典的泰门》，全集第 8 卷

对于叛逆的人，别人是像对待狐狸一般不能加以信任的，无论它怎样驯良，怎样习于豢养，怎样被关锁在笼子里，总不免存留着几分祖传的野性。我们脸上流露着无论悲哀的还是快乐的神情，都会被人家所曲解；我们将要像豢养在棚里的牛一样，越是喂得肥胖，越是接近死亡。

　　　　　　　　　华斯特　《亨利四世　上篇》，全集第 5 卷

我已经厌倦于我所矜持的尊严，正像一篇大好的文章一样，在久读之后，也会使人掩耳。

　　　　　　　　　　安哲鲁　《一报还一报》，全集第 1 卷

名誉是一件无聊的骗人的东西，得到它的人未必有什么功德，失去它的人也未必有什么过失。

　　　　　　　　　　伊阿古　《奥瑟罗》，全集第 9 卷

变节的叛徒在历史上将要永远留下被人唾骂的污名……

　　　　　　　　　哈姆莱特　《哈姆莱特》，全集第 9 卷

一件功劳要是默默无闻，可以消沉以后再做一千件的兴致；褒贬便是我们的报酬。一回的鞭策还不曾使马儿走过一亩地，温柔的一吻早已使它驰过百里。

赫米温妮　《冬天的故事》，全集第 4 卷

2　浮华如梦

王公贵人无非把称号头衔当作尊荣，以浮面的声誉换取满心的苦恼；为了虚无缥缈的感受，他们往往亲尝无限烦怨：原来在他们的尊号和一些贱名之间，只涌现着浮华虚荣，哪里找得出一条明白的分界线。

勃莱肯伯雷　《理查三世》，全集第 6 卷

光荣如同水面上的水花一样，从一个小圆圈变成一个大圆圈，不停地扩大，直到无可再大，归于消灭。

贞德　《亨利六世　上篇》，全集第 6 卷

为了名誉和光荣，追寻着致命的危险，一旦身死疆场，往往只留下几行诬谤的墓铭，记录他生前的功业。

培拉律斯　《辛白林》，全集第 10 卷

人生的荣华不过是一场疯狂的胡闹，正像这种奢侈的景象在一个嚼着淡菜根的人看来一样。我们寻欢作乐，全然是傻子的行为。

艾帕曼特斯　《雅典的泰门》，全集第 8 卷

谁愿意享受片刻的荣华，徒作他人的笑柄？谁愿意在荣华的梦里，

相信那些虚伪的友谊？谁还会贪恋那些和趋炎附势的朋友同样不可靠的尊荣豪贵？

弗莱维斯 《雅典的泰门》，全集第 8 卷

太爱人赞美，连美也变成庸俗。

《十四行诗》，全集第 11 卷

在群众的好感上建立自己的地位，那基础是易于动摇而不能巩固的。

约克 《亨利四世 下篇》，全集第 5 卷

爬得越高，跌得越重，即使幸免陨落，那如履薄冰的惴惧，也够人受了。

培拉律斯 《辛白林》，全集第 10 卷

国王就跟我一样，也是一个人罢了。一朵紫罗兰花儿他闻起来，跟我闻起来还不是一样；他头上和我头上合顶着一方天；他也不过用眼睛来看、耳朵来听啊。把一切荣衔丢开，还他一个赤裸裸的本相，那么他只是一个人罢了；虽说他的心思寄托在比我们高出一层的事物上，可是好比一头在云霄里飞翔的老鹰，他有时也不免降落下来，栖息在枝头和地面上。

亨利王 《亨利五世》，全集第 5 卷

权力的本身虽可称道，可是当它高踞宝座的时候，已经伏下它的

葬身的基础了。一个火焰驱走另一个火焰，一枚钉打掉另一枚钉；权力因权力而转移，强力被强力所征服。

奥菲狄乌斯　《科利奥兰纳斯》，全集第 7 卷

高居于为众所仰望的地位而毫无作为，正像眼眶里没有眼珠，只留下两个怪可怜的空洞的凹孔一样。

仆甲　《安东尼与克莉奥佩特拉》，全集第 10 卷

七 奋斗·梦想

1 奋斗，本来无望的事往往能成功

本来无望的事，大胆尝试，往往能成功。

《维纳斯与阿都尼》，全集第 11 卷

只有继续不断地前进，才可以使荣名永垂不替。如果一旦罢手，就会像一套久遭搁置的生锈的铠甲，谁也不记得它的往日的勋劳，徒然让它的不合时宜的式样，留作世人揶揄的资料。不要放弃眼前的捷径，光荣的路是狭窄的，一个人只能前进，不能后退；所以你应该继续在这一条狭窄的路上迈步前进，因为无数的竞争者都在你的背后，一个紧追着一个；要是你略为退让，或者闪在路旁，他们就会像汹涌的怒潮一样直冲过来，把你遗弃在最后；又像一匹落伍的骏马，倒在地上，劣马都可以追上它，从它的身上践踏过去。

俄底修斯 《特洛伊罗斯与克瑞西达》，全集第 7 卷

一棵质地坚硬的橡树，即便用一柄小斧去砍，那斧子虽小，但如果砍个不停，终必把树砍倒。

差官 《亨利六世 下篇》全集第 6 卷

不学那懒惰的游蜂，

贪享着他人的成功。

老人 《泰尔亲王配力克里斯》，全集第 10 卷

要收获谷实，还得等待我们去播种。

公爵 《一报还一报》，全集第 1 卷

胆小鬼到了无路可逃的时候也能打一仗；鸽子被抓在老鹰的利爪之下的时候也能反啄几下；被捉的强盗反正不能活命，就会对捕盗巡官破口大骂起来。

克列福 《亨利六世 下篇》，全集第 6 卷

每一个被束缚的奴隶都可以凭着他自己的手挣脱他的锁链。

凯斯卡 《裘力斯·凯撒》，全集第 8 卷

活动的东西是比停滞不动的东西更容易引人注目的。

俄底修斯 《特洛伊罗斯与克瑞西达》，全集第 7 卷

一个人的经验是要在刻苦中得到的，也只有岁月的磨炼才能够使它成熟。

安东尼奥 《维洛那二绅士》，全集第 1 卷

无论铜墙石塔、密不透风的牢狱，还是坚不可摧的锁链，都不能拘囚坚强的心灵；生命在厌倦于这些尘世的束缚以后，决不会缺少解脱它自身的力量。

凯歇斯 《裘力斯·凯撒》，全集第 8 卷

万事吉凶成败，须看后场结局；倘能如愿以偿，何患路途纡曲。

海丽娜　《终成眷属》，全集第 3 卷

在生命的长途上，火炬既然已经熄灭，还是静静地躺下来，不要深入迷途了。一切的辛勤徒然毁坏了自己所成就的事业；纵然有盖世的威力，免不了英雄失路的悲哀。

安东尼　《安东尼与克莉奥佩特拉》，全集第 10 卷

遇到逆风逆水，要想抗拒是无济于事的。

爱德华王　《亨利六世　下篇》，全集第 6 卷

美食珍馐可以充实肚腹，却会闭塞心窍。

朗格维　《爱的徒劳》，全集第 2 卷

一头蛰居山洞、久不觅食的狮子，它的爪牙全然失去了锋利。

公爵　《一报还一报》，全集第 1 卷

卖了自己的田地去看别人的田地；看见的这么多，自己却一无所有；眼睛是看饱了，两手却是空空的。

罗瑟琳　《皆大欢喜》，全集第 3 卷

顺水行舟快，逆风打桨迟。

彼特鲁乔　《驯悍记》，全集第 3 卷

2 梦想使人充满快乐，但也给人不幸

希望中的快乐是不下于实际享受的快乐的。

诺森伯兰 《理查二世》，全集第 4 卷

世间的任何事物，追求时候的兴致总要比享用时候的兴致浓烈。

葛莱西安诺 《威尼斯商人》，全集第 3 卷

尽管地位悬殊，惺惺相惜的人，造物总会使他们集合在一起。只有那些斤斤计较、害怕麻烦、认为好梦已成过去的人，他们的希冀永无实现的可能。

海丽娜 《终成眷属》，全集第 3 卷

一个最困苦、最微贱、最为命运所屈辱的人，可以永远抱着希冀而无所恐惧。从最高的地位上跌下来，那变化是可悲的；对于穷困的人，命运的转机却能使他欢笑！

爱德伽 《李尔王》，全集第 9 卷

凡是你的灵魂所珍重宝爱的事物，你应该想象它们是在你的未来的前途，不是在你离开的本土；想象鸣鸟在为你奏着音乐，芳草为你铺起地毯，鲜花是向你巧笑的美人，你的行步都是愉快的舞蹈。

刚特 《理查二世》，全集第 4 卷

冰雪凛冽，天气严寒，哪会有人过于小心，
见了热火，却远远躲着，不敢靠前去亲近？

《维纳斯与阿都尼》，全集第 11 卷

我们因为希望达到我们所追求的目的，往往发出违心之论。

伊莎贝拉 《一报还一报》，全集第1卷

最不幸的是那抱着正大的希望而不能达到心愿的人；那些虽然贫苦、却有充分的自由实现他们诚实的意志的人们是有福的。

伊摩琴 《辛白林》，全集第10卷

希望对于我们却是无益而有害的，正像我们在早春的时候所见的初生的蓓蕾一般，希望不能保证它们开花结实，无情的寒霜却早已摧残了它们的生机。

巴道夫 《亨利四世 下篇》，全集第5卷

希望是不幸者的唯一药饵。

克劳狄奥 《一报还一报》，全集第1卷

创造世界的神，往往借助于最微弱者之手，……最有把握的希望，往往结果归于失败；最少希望的事情，反会使人意外地成功。

海丽娜 《终成眷属》，全集第3卷

最大的无聊则是为了无聊费尽辛劳。

俾隆 《爱的徒劳》，全集第2卷

草莓在荨麻底下最容易生长；那名种跟较差的果树为邻，就结下了更多更甜的果实。

伊里 《亨利五世》，全集第5卷

热情总会战胜辛艰，

苦味中间才会有无限甘甜。

　　　　　　　　致辞者　《罗密欧与朱丽叶》，全集第 8 卷

　　人世间的事就是这样。一个人今天生出了希望的嫩叶，第二天开了花，身上开满了红艳艳的荣誉的花朵，第三天致命的霜冻来了，而这位蒙在鼓里的好人还满有把握，以为他的宏伟事业正在成熟呢，想不到霜冻正在咬噬他的根，接着他就倒下了……

　　　　　　　　伍尔习　《亨利八世》，全集第 7 卷

在一场暴风雨未来以前，

天上往往有片刻的宁寂，

一块块乌云静悬在空中，

狂风悄悄地收起它的声息，

死样的沉寂笼罩着整个大地；

可是就在这片刻之内，

可怕的雷鸣震裂了天空。

　　　　　　　　伶甲　《哈姆莱特》，全集第 9 卷

　　虽然在太阳光底下，各种草木都欣欣向荣，可是最先开花的果子总是最先成熟。

　　　　　　　　伊阿古　《奥瑟罗》，全集第 9 卷

八 时 间

1 时间的力量

时间是审判一切罪人的老法官。

罗瑟琳 《皆大欢喜》，全集第 3 卷

上天是公正的，时间会给坏人坏事以报应。

玛格莱特王后 《亨利六世 下篇》，全集第 6 卷

美德是随着时间而变更价值的。

奥菲狄乌斯 《科利奥兰纳斯》，全集第 7 卷

不要让德行追索它旧日的酬报，因为美貌、智慧、门第、膂力、功业、爱情、友谊、慈善，这些都要受到无情的时间的侵蚀。

俄底修斯 《特洛伊罗斯与克瑞西达》，全集第 7 卷

时间老人的背上负着一个庞大的布袋，那里面装满着被寡恩负义的世人所遗忘的丰功伟业；那些已成过去的美迹，一转眼间就会在人们的记忆里消失。

俄底修斯 《特洛伊罗斯与克瑞西达》，全集第 7 卷

无数人事的变化孕育在时间的胚胎里，我们等着看吧。

> 伊阿古　《奥瑟罗》，全集第 9 卷

时间是世人的君王，他是他们的父母，也是他们的坟墓；他所给予世人的，只凭着自己的意志，而不是按照他们的要求。

> 配力克里斯　《泰尔亲王配力克里斯》，全集第 10 卷

饕餮的时光，去磨钝雄狮的爪，命大地吞噬自己宠爱的幼婴，去猛虎的颚下把它利牙拔掉，焚毁长寿的凤凰，灭绝它的种，使季节在你飞逝时或悲或喜；而且，捷足的时光，尽肆意摧残这大千世界和它易谢的芳菲。

> 《十四行诗》，全集第 11 卷

时间的威力在于：结束帝王们的争战；把真理带到阳光下，把虚假的谎言揭穿。

> 《鲁克丽丝受辱记》，全集第 11 卷

没什么抵挡得住时光的毒手。

> 《十四行诗》，全集第 11 卷

时间倘不照顾人，就会摧毁人的。

> 潘达洛斯　《特洛伊罗斯与克瑞西达》，全集第 7 卷

虽然紫菀草越被人践踏越长得快，可是青春越是浪费，越容易消失。

> 福斯塔夫　《亨利四世　上篇》，全集第 6 卷

我每思量世间万物生衍，保持完美只有短暂一瞬。

《莎士比亚十四行诗集》，第 15 篇

人生这无常的感想，教我看清你的大好年华，时光蹉跎，正与腐朽商量，将你青春白昼换成黑夜。

《莎士比亚十四行诗集》，第 15 篇

时间正像一个趋炎附势的主人，对于一个临去的客人不过和他略微握一握手；对于一个新来的客人，却伸开了两臂，飞也似的过去抱住他。欢迎是永远含笑的，告别总是带着叹息。

俄底修斯　《特洛伊罗斯与克瑞西达》，全集第 7 卷

那永远不会错误的判断，也必须经过七次的试炼。

阿拉贡亲王　《威尼斯商人》，全集第 3 卷

一时间的憎嫌，往往引起过后的追悔，眼前的欢娱冷淡下来，便会变成悲哀，喜怒爱恶，都只在一转手之间。

安东尼　《安东尼与克莉奥佩特拉》，全集第 10 卷

若是知道一个人的寿命有多长，就该把一生的岁月好好安排一下；多少时间用于畜牧，多少时间用于休息，多少时间用于沉思，多少时间用于嬉乐。

亨利王　《亨利六世　下篇》，全集第 6 卷

盛大节日所以隆重稀奇，就是因为长年难得来到，像贵重的宝石，寥寥无几。

《莎士比亚十四行诗集》，第 52 篇

2　人与时间

对于心绪烦乱的人们，它会像地狱中的长夜一样逗留不去；对于欢会的恋人们，它就驾着比思想还快的翅膀迅速飞走。

> 特洛伊罗斯　《特洛伊罗斯与克瑞西达》，全集第7卷

思想是生命的奴隶，生命是时间的弄人；俯瞰全世界的时间，总会有它的停顿。

> 霍茨波　《亨利四世　上篇》，全集第5卷

时间的无声的脚步，往往不等我完成最紧急的事务就溜过去了。

> 国王　《终成眷属》，全集第3卷

用爱的缅怀来欢娱岁月，闲散中打发岁月与缅怀。

> 《莎士比亚十四行诗集》，第39篇

稀世奇珍，天生丽质，无物不受他的镰刀刈铲——我的诗篇却可与时并存，不顾他的毒手，将你歌赞。

> 《莎士比亚十四行诗集》，第60篇

抵抗岁月毁人之刀无情，使它永远无法砍我爱人……他的美貌留这字里行间，诗行不朽，他的青春长存。

> 《莎士比亚十四行诗集》，第63篇

九 法 律

1 法律的意义

我们不能把法律当作吓鸟用的稻草人，让它安然不动地矗立在那边，鸟儿们见惯以后，会在它顶上栖息而不再对它害怕。

安哲鲁 《一报还一报》，全集第 1 卷

溺爱儿女的父亲倘使把藤鞭束置不用，仅仅让它作为吓人的东西，到后来它就会被孩子们所藐视，不会再对它生畏。我们的法律也是一样，因为从不施行的缘故，变成了毫无效力的东西，胆大妄为的人，可以把它恣意玩弄；正像婴孩殴打他的保姆一样，法纪完全荡然扫地了。

公爵 《一报还一报》，全集第 1 卷

我们这儿有的是严峻的法律，对于放肆不驯的野马，这是少不了的羁勒……

公爵 《一报还一报》，全集第 1 卷

要是第一个犯法的人受到了处分，那么许多人也就不敢为非作恶了。

安哲鲁 《一报还一报》，全集第 1 卷

当法律不能主持正义的时候，至少应该让被害者有倾吐不平的合法权利。

康斯丹丝 《约翰王》，全集第 4 卷

法律虽然暂时昏睡，但它并没有死去。

安哲鲁 《一报还一报》，全集第 1 卷

我们的刀锋虽然要锐利，操刀的时候却不可大意，略伤皮肉就够了，何必一定要致人于死命。

爱斯卡勒斯 《一报还一报》，全集第 1 卷

2 恶法的虚伪

法律不外人情，只有暴君酷吏才会借着法律的威严肆意荼毒生灵。

艾西巴第斯 《雅典的泰门》，全集第 8 卷

法官要是自己有罪，那么为了同病相怜的缘故，犯罪的人当然可以逍遥法外。

公爵 《一报还一报》，全集第 1 卷

在叛乱的时候，一切不合理的事实都可以武断地成为法律……

科利奥兰纳斯 《科利奥兰纳斯》，全集第 7 卷

十　为人处世

1　做人要保持尊严

巨象的腿是为步行用的，不是为屈膝用的。

俄底修斯　《特洛伊罗斯与克瑞西达》，全集第 7 卷

我宁可把我的头颅放到断头砧上，也决不能叫我的双膝对任何人屈一下。

萨福克　《亨利六世　中篇》，全集第 6 卷

用坚韧不拔的意志，抵御一切的危难。

凯歇斯　《裘力斯·凯撒》，全集第 8 卷

一个问心无愧的人，如穿着护胸甲，是绝对安全的，他理直气壮，好比是披着三重盔甲；那种理不直、气不壮、丧失天良的人，即使穿上钢盔钢甲，也如同赤身裸体一般。

亨利王　《亨利六世　中篇》，全集第 6 卷

我虽然爱我的人民，可是不愿在他们面前铺张扬厉，他们热烈的

夹道欢呼，虽然可以表明他们对我的好感，可是我想，喜爱这一套的人是难以称为审慎的。

公爵 《一报还一报》，全集第 1 卷

当他爱他的国家的时候，他的国家也尊重他。

勃鲁托斯 《科利奥兰纳斯》，全集第 7 卷

我宁愿做一只羊身上的虱子，也不愿做这么一个没有头脑的勇士。

忒耳西忒斯 《特洛伊罗斯与克瑞西达》，全集第 7 卷

横戈跃马的男儿，岂能做柔情的奴仆；要具有真正的品格，才算得真正的勇武。

《鲁克丽丝受辱记》，全集第 11 卷

凡是合乎道理的事我都可以答应。

斯丹法诺 《暴风雨》，全集第 1 卷

我们宁愿重用一个活跃的侏儒，也不要一个贪睡的巨人。

阿伽门农 《特洛伊罗斯与克瑞西达》，全集第 7 卷

我讨厌一个骄傲的人，就像讨厌一窠癞蛤蟆一样。

埃阿斯 《特洛伊罗斯与克瑞西达》，全集第 7 卷

且让吉星高照的那些人，
夸耀他们的功名与勋爵。

《莎士比亚十四行诗集》，第 25 篇

且让他们说尽花言巧语；

不是叫卖，我用不着夸赞。

《莎士比亚十四行诗集》，第 21 篇

要一个骄傲的人看清他自己的嘴脸，只有用别人的骄傲给他做镜子；倘若向他卑躬屈膝，只会助长他的气焰，徒然自取其辱。

俄底修斯 《特洛伊罗斯与克瑞西达》，全集第 7 卷

割去腐烂的关节，才可以保全身体上其余各部分的完好；要是听其自然，它的脓毒就要四散蔓延，使全身陷于不可救治的地步。

约克 《理查二世》，全集第 4 卷

君主不顾自己的尊严，干下了愚蠢的事情，在朝的端正人士只好直言极谏。

肯特 《李尔王》，全集第 9 卷

2 处世应通达

对人要和气，可是不要过于狎昵。相知有素的朋友，应该用钢圈箍在你的灵魂上，可是不要对每一个泛泛的新知滥施你的交情。留心避免和人家争吵；可是万一争端已起，就应该让对方知道你不是可以轻侮的。倾听每一个人的意见，可是只对极少数人发表你的意见；接受每一个人的批评，保留你自己的判断。尽你的财力购置贵重的衣服，可是不要标新立异，必须富丽而不浮艳，因为服装往往可以表现人格；……不要向人借贷，也不要借钱给人；因为债款放了出去，往往不但丢了本钱，而且还失去了朋友；向人借贷的结果，容易养成因

循懒惰的习惯。

波洛涅斯　《哈姆莱特》，全集第 9 卷

对众人一视同仁，对少数人推心置腹，对任何人不要亏负；在能力上你应当能和你的敌人抗衡，但不要因为争强好胜而炫耀你的才干；对于你的朋友，你应该开诚相与；宁可被人责备你朴讷寡言，不要让人嗔怪你多言误事。

伯爵夫人　《终成眷属》，全集第 3 卷

在危急的时候，一个人是应当通权达变的。

伏伦妮娅　《科利奥兰纳斯》，全集第 7 卷

你自己和你所有的一切，倘不拿出来贡献于人世，仅仅一个人独善其身，那实在是一种浪费。

公爵　《一报还一报》，全集第 1 卷

我痛恨人们的忘恩，比之痛恨说谎、虚荣、饶舌、酗酒，或是其他存在于脆弱的人心中的陷人的恶德还要厉害。

薇奥拉　《第十二夜》，全集第 4 卷

不，我的好朋友们，不要用你们的悲哀使冷酷的命运在暗中窃笑；我们应该用处之泰然的态度，报复命运加于我们的凌辱。

安东尼　《安东尼与克莉奥佩特拉》，全集第 10 卷

黄金如善于利用，能把更多的黄金生。

《维纳斯与阿都尼》，全集第 11 卷

最可怜的是，这种身败名裂的可怕的前车之鉴，却不曾使后来的人知道警戒，仍旧一个个如蚁附膻，至死不悟，真可令人叹息。

玛利安娜　《终成眷属》，全集第 3 卷

一个伟大的人物开始咆哮的时候，就是势穷力迫、快要堕下陷阱的预兆。……一个发怒的人，总是疏于自卫的。

茂西那斯　《安东尼与克莉奥佩特拉》，全集第 10 卷

你们现在的行动，都是出于一时的气愤，就像纵虎出柙一样，当你们自悔孟浪的时候，再要把笨重的铅块系在虎脚上就来不及了。

米尼涅斯　《科利奥兰纳斯》，全集第 7 卷

怒气就像一匹烈性的马，如果由它的性子，就会使它自己筋疲力尽。

诺福克　《亨利八世》，全集第 7 卷

一个人听朋友的忠告，就会幸福快活。

《维纳斯与阿都尼》，全集第 11 卷

当理性的顾虑全然为倔强的意志所蔑弃的时候，一切忠告都等于自说。

约克　《理查二世》，全集第 4 卷

纵容瘟疫传播，一切治病的良药都将归于无效……

噶登纳　《亨利八世》，全集第 7 卷

像舞台上未熟谙的演员，

慌慌张张忘记他的台词，
或像凶猛之物，冲动过分，
气力充沛反而削弱心思。

《莎士比亚十四行诗集》，第 23 篇

猜忌如未将你仪表玷侵，
你便一人独得天下归心。

《莎士比亚十四行诗集》，第 70 篇

叫狐狸看守羊栏，岂不是糊涂透顶吗？

萨福克　《亨利六世　中篇》，全集第 6 卷

错误已经铸成，倘再执迷不悟地坚持下去，那就大错而特错了。

赫克托　《特洛伊罗斯与克瑞西达》，全集第 7 卷

知过则改永远是不嫌迟的。

彼特鲁乔　《驯悍记》，全集第 3 卷

能够忏悔的人，无论天上人间都可以既往不咎。上帝的愤怒也会
因为忏悔而平息的。

凡伦丁　《维洛那二绅士》，全集第 1 卷

一个大车轮滚下山坡的时候，你千万不要抓住它，免得跟它一起
滚下去，跌断了你的头颈；可是你要是看见它上山去，那么让它拖着
你一起去吧。

弄人　《李尔王》，全集第 9 卷

制服两条咬人的恶犬，最好的办法是让它们彼此相争，骄傲便是挑拨它们搏斗的一根肉骨。

涅斯托　《特洛伊罗斯与克瑞西达》，全集第7卷

横冲直撞只是个粗夫，以逸待劳才算真有经验的战士。

蒙乔　《亨利五世》，全集第5卷

谁要是急于生起一场旺火来，必须先用柔弱的草秆点燃。

凯歇斯　《裘力斯·凯撒》，全集第8卷

你的真美只有真实友人，
用真实话才能反映真确。

《莎士比亚十四行诗集》，第82篇

非常的病症是要用非常的药饵来疗治的。

神甫　《无事生非》，全集第2卷

你有的是一副堂堂的七尺之躯，有的是热情和智慧，你却不知道把它们好好利用，这岂不是辜负了你的七尺之躯，辜负了你的热情和智慧？你的堂堂的仪表不过是一尊蜡像，没有一点男子汉的血气；……你的智慧不知道指示你的行动，驾驭你的感情，它已经变成了愚妄的谬见，正像装在一个笨拙的兵士的枪膛里的火药，本来是自卫的武器，因为不懂得点燃的方法，反而毁损了自己的肢体。

劳伦斯　《罗密欧与朱丽叶》，全集第8卷

越是有利益的事情，越要装着不把这种利益放在心上。

鸨妇　《泰尔亲王配力克里斯》，全集第10卷

谁要是知道君王们的一举一动，与其把它们泄露出来，还是保持隐秘的好；因为重新揭发的罪恶就像飘风一样，当它向田野吹散的时候，会把灰尘吹进别人的眼里；这就是给那双疼痛的眼睛的一个教训：使它们在飘风过去后，明察四方，设法阻挡那伤害自己的气流。

　　　　　　　配力克里斯　《泰尔亲王配力克里斯》，全集第 10 卷

您现在已经迷失了道路，要是您想达到您的目的地，您必须用温和一点的态度向人家问路。

　　　　　　　西西涅斯　《科利奥兰纳斯》，全集第 7 卷

只有谦恭的言语才可以挽回形势。

　　　　　　　米尼涅斯　《科利奥兰纳斯》，全集第 7 卷

让他照抄你身上的文章，
不损造物光辉灿烂成绩，
如此抄本会使文名远扬，
处处有人钦敬他的文笔。

　　　　　　　《莎士比亚十四行诗集》，第 84 篇

宁可和初生的幼狮嬉戏，不要玩弄一头濒死的老狮。

　　　　　　　爱诺巴勃斯　《安东尼与克利奥佩特斯》，全集第 10 卷

不要来批怒龙的逆鳞。

　　　　　　　李尔　《李尔王》，全集第 9 卷

行为往往胜于雄辩，愚人的眼睛是比他们的耳朵聪明得多的。

　　　　　　　伏伦妮娅　《科利奥兰纳斯》，全集第 7 卷

舌头往往是败事的祸根。不说什么，不做什么，不知道什么，也没有什么，就可以使你受用不了什么。

小丑　《终成眷属》，全集第 3 卷

把坏消息告诉人家，即使诚实不虚，不是一件好事，悦耳的喜讯不妨极口渲染，不幸的噩耗还是缄口不言，让那身受的人自己感到的好。

克利奥佩特拉　《安东尼与克莉奥佩特拉》，全集第 10 卷

万事总须熟权利害，不能但问良心。

路人甲　《雅典的泰门》，全集第 8 卷

一个人要是看轻了自己的根本，难免做出一些越限逾分的事来；枝叶脱离了枝干，跟着也要萎谢，到后来只好让人当作枯柴而付之一炬。

奥本尼　《李尔王》，全集第 9 卷

避免已经起来的祸患，比之追问它怎么发生要安全些。

卡密罗　《冬天的故事》，全集第 4 卷

聪明人决不袖手闲坐，嗟叹他们的不幸；他们总是立刻起来，防御当前的祸患。

卡莱尔　《理查二世》，全集第 4 卷

弓已经弯好拉满，你留心躲开箭锋吧。

李尔　《李尔王》，全集第 9 卷

造桥只要量着河身的阔度就成，何必过分铺张呢？做事情也只要按照事实上的需要，凡是能够帮助你达到目的的，就是你所应该采取的手段。

彼德罗 　《无事生非》，全集第 2 卷

天空起了云，聪明人就要加衣服；树间落下黄叶，眼见冬令要到来，夕阳西沉，谁不知黑夜将至？狂风暴雨不合时季，人们预卜年成要歉收。

市民丙 　《理查三世》，全集第 6 卷

一个骄傲的人，结果总是在骄傲里毁灭了自己。他一味对镜自赏，自吹自擂，遇事只顾浮夸失实，到头来只是事事落空而已。

阿伽门农 　《特洛伊罗斯与克瑞西达》，全集第 7 卷

有一天你如果看我不起，
轻蔑白眼贬低我的身份，
我会站你一边打击自己，
证明你是良善，你虽失信。

《莎士比亚十四行诗集》，第 88 篇

桀骜不驯的结果一定十分悲惨。

露西安娜 　《错误的喜剧》，全集第 2 卷

一件不合时式的衣服，挂在墙上都嫌刺目，所以只好把它撕碎。

伊摩琴 　《辛白林》，全集第 10 卷

意志是无限的，实行起来就有许多不可能；欲望是无穷的，行为却必须受制于种种束缚。

特洛伊罗斯　《特洛伊罗斯与克瑞西达》，全集第 7 卷

两个人骑一匹马，总有一个人在后面。

道格培里　《无事生非》，全集第 2 卷

3　凡事须三思而行

凡事三思而行；跑得太快是会滑倒的。

劳伦斯　《罗密欧与朱丽叶》，全集第 8 卷

事情只要办得好，小心从事，是不会引起我们担心害怕的；如果办的是一件史无前例的事，结果如何，倒必须慎重考虑。

亨利王　《亨利八世》，全集第 7 卷

世间的事情，往往失之毫厘，就会造成莫大的差异。

亨利王　《亨利四世　上篇》，全集第 5 卷

留心你脚底下的冰块，不要让一个傻子从这上面滑了过去，你自己却把它踹碎了。

俄底修斯　《特洛伊罗斯与克瑞西达》，全集第 7 卷

忏悔过去，警戒未来；不要把肥料浇在莠草上，使它们格外蔓延起来。

哈姆莱特　《哈姆莱特》，全集第 9 卷

蝮蛇是在光天化日之下出现的，所以步行的人必须刻刻提防。

> 勃鲁托斯　《裘力斯·凯撒》，全集第 8 卷

过度的饱食有伤胃口，毫无节制的放纵，结果会使人失去了自由。正像饥不择食的饿鼠吞咽毒饵一样，人为了满足他的天性中的欲念，也会饮鸩止渴，送了自己的性命。

> 克劳狄奥　《一报还一报》，全集第 1 卷

偷儿总是乘着黑夜行事的，千万留心门户；否则只怕夏天还没到，布谷鸟就在枝头对你叫了。

> 毕斯托尔　《温莎的风流娘儿们》，全集第 1 卷

过虑总比大意好些。与其时时刻刻提心吊胆，害怕人家的暗算，宁可爽爽快快除去一切可能的威胁。

> 高纳里尔　《李尔王》，全集第 9 卷

自己加于自己的伤害是不容易治疗的；忽略了应该做的事，往往会引起危险的后果，这种危险就像害寒热病一样，会在我们向阳闲坐的时候侵袭到我们的身上。

> 帕特洛克罗斯　《特洛伊罗斯与克瑞西达》，全集第 7 卷

火势越是猛烈，越容易顷刻烧尽；绵绵的微雨可以落个不断，倾盆的阵雨一会儿就会停止；驰驱太速的人，很快就觉得精疲力竭；吃得太急了，难保食物不会哽住喉咙；轻浮的虚荣是一个不知厌足的饕餮者，它在吞噬一切之后，结果必然牺牲在自己的贪欲之下。

> 刚特　《理查二世》，全集第 4 卷

我们追赶一件东西的时候，不可跑得太猛、太快，跑过了头，反而得不到。……猛火烧汤，汤涌出锅外，好像汤多了，其实是损耗了。

诺福克 《亨利八世》，全集第 7 卷

与其鲁莽偾事，不如循序渐进。

米尼涅斯 《科利奥兰纳斯》，全集第 7 卷

一个人的耐性尽管像匹累垮了的马，可是，迟早也一步一步叫那匹马儿挨到了。

尼姆 《亨利五世》，全集第 5 卷

要登上陡峭的山峰，开始时脚步要放得慢。

诺福克 《亨利八世》，全集第 7 卷

要是忍受果然是这样勇敢的行为，那么，……驴子也要比狮子英雄得多了；要是忍受是一种智慧，那么铁索银铐的囚犯，也比法官更聪明了。

艾西巴第斯 《雅典的泰门》，全集第 8 卷

报复不是勇敢，忍受才是勇敢。

元老甲 《雅典的泰门》，全集第 8 卷

在卑贱的人们中间我们所称为忍耐的，在尊贵者的胸中就是冷血的怯懦。

葛罗特斯公爵夫人 《理查二世》，全集第 4 卷

最可耻的，却是那些袭父祖的余荫、不知绍述先志、一味妄自尊大的人。

国王　《终成眷属》，全集第 3 卷

要是病症凶险，只有投下猛药才可见效，谨慎反会误了大事。

勃鲁托斯　《科利奥兰纳斯》，全集第 7 卷

我们往往因为有所自恃而失之于大意，反不如缺陷却能对我们有益。

葛罗斯特　《李尔王》，全集第 9 卷

太平景象最能带来一种危险，就是使人高枕无忧；所以适当的疑虑还是智者的明灯，是防患于未然的良方。

赫克托　《特洛伊罗斯与克瑞西达》，全集第 7 卷

最快的刀被滥用也失去锋利！

《十四行诗》，全集第 11 卷

4　行动要果断

我们所要做的事，应该一想到就做；因为人的想法是会变化的，有多少舌头、多少手、多少意外，就会有多少犹豫、多少迟延；那时候再空谈该做什么，只不过等于聊以自慰的长吁短叹，只能伤害自己的身体罢了。

国王　《哈姆莱特》，全集第 9 卷

因循观望的人，最善于惊叹他人的敏捷。

克莉奥佩特拉　《安东尼与克莉奥佩特拉》，全集第 10 卷

心灵若顾虑重重，爱苗就难于生长。

《鲁克丽丝受辱记》，全集第 11 卷

重重的顾虑使我们全变成了懦夫，决心的炽热的光彩，被审慎的思维盖上了一层灰色，伟大的事业在这一种考虑之下，也会逆流而退，失去行动的意义。

哈姆莱特　《哈姆莱特》，全集第 9 卷

只要能够得到圆满的结果，何必顾虑眼前的挫折。

海丽娜　《终成眷属》，全集第 3 卷

我们不能因为害怕有人恶意指责就停止我们必要的行动；这种人就像凶恶的鲨鱼，紧紧跟随着新装配下海的船，但是他们除了妄想，却得不到任何好处。

伍尔习　《亨利八世》，全集第 7 卷

如果我们怕人们嘲笑我们的行动，对我们吹毛求疵，因而站住不动，那我们只好坐在这地方，就在这地方扎根，或者像一尊石像似的端坐着。

伍尔习　《亨利八世》，全集第 7 卷

5　把握时机

人家只会向一朵含苞未放的娇花屈膝，等到花残香消，他们就要

掩鼻而过之了。

克莉奥佩特拉 《安东尼与克莉奥佩特拉》，全集第 10 卷

行乐须及时，莫疑猜，机会错过不复来。
丽质应该传代，及身而止，只暴殄美材。
好花盛开，就该尽先摘，慎莫待美景难再，
否则一瞬间，它就要凋零萎谢，落在尘埃。

《维纳斯与阿都尼》，全集第 11 卷

无论什么东西，一到了人家手里，便一切都完了，无论什么事情，也只有正在进行的时候兴趣最为浓厚。

克瑞西达 《特洛伊罗斯与克瑞西达》，全集第 7 卷

只要静待时机，总有命运转移的一天。

普洛丢斯 《维洛那二绅士》，全集第 1 卷

万物都各自有它生长的季节，太早太迟同样是过犹不及。

俾隆 《爱的徒劳》，全集第 2 卷

凡是生长的东西，不到季节，总不会成熟……

拉山德 《仲夏夜之梦》，全集第 2 卷

多少事情因为逢到有利的环境，才能够达到尽善的境界，博得一声恰当的赞赏！

鲍西娅 《威尼斯商人》，全集第 3 卷

一切办法都在我们自己，虽然我们把它诿之天意；注定人类命运的上天，给我们自由发展的机会，只有当我们自己冥顽不灵，不能利用这种机会的时候，我们的计划才会遭遇挫折。

海丽娜　《终成眷属》，全集第 3 卷

当那些意气纵横的勇士知难怯退的时候，便是你们奋身博取世人称誉的机会。

国王　《终成眷属》，全集第 3 卷

看来无论怎样经久耐用的东西，也总有一天会失去效用的。

小丑　《终成眷属》，全集第 3 卷

疖子还没熟透，最好别去碰破它。

蒙乔　《亨利五世》，全集第 5 卷

星星之火，一踩就灭，等它蔓延起来，长江大河也浇不熄了。

克莱伦斯　《亨利六世　下篇》，全集第 6 卷

一个人要吃面饼，总得先等把麦子磨成面粉。

潘达洛斯　《特洛伊罗斯与克瑞西达》，全集第 7 卷

既得之后是命令，未得之前是请求。

克瑞西达　《特洛伊罗斯与克瑞西达》，全集第 7 卷

那采蜜的蜂儿无虑无愁，
终日在花丛里歌唱优游；

等到它一朝失去了利刺，

甘蜜和柔歌也一齐消逝。

潘达洛斯　《特洛伊罗斯与克瑞西达》，全集第 7 卷

对天生的尤物我们要求蕃盛，

以便美的玫瑰永远不会枯死，

但开透的花朵既要及时凋零，

就应把记忆交给娇嫩的后嗣。

《十四行诗》，全集第 11 卷

任何渔夫，都要把刚生出的鱼苗放过；

熟了的梅子自己就会掉，青梅却长得牢；

若是不熟就摘了，它会酸得你皱上眉梢。

《维纳斯与阿都尼》，全集第 11 卷

马驹年幼时，就叫它驮人负物，引重致远，

那它就要精力耗减，永远不能长得壮健。

《维纳斯与阿都尼》，全集第 11 卷

衣服还未裁好做完，有谁能就去穿？

半个瓣还没长出来的花，谁肯赏玩？

生长发育的东西如受伤，虽只半点，

都要盛年萎谢，不会长得璀璨绚烂。

《维纳斯与阿都尼》，全集第 11 卷

建筑在别人地面上的一座华厦，因为看错了地位方向，……一场

辛苦完全白费。

福德　《温莎的风流娘儿们》，全集第 1 卷

6　表里未必如一

外观往往和事物的本身完全不符，世人却容易为表面的装饰
所欺骗。

巴萨尼奥　《威尼斯商人》，全集第 3 卷

行动的是非曲直，只有从事实的发展上去判断……

特洛伊罗斯　《特洛伊罗斯与克瑞西达》，全集第 7 卷

眼睛的艺术终欠这高明。
它只能画外表，却不认识内心。

《十四行诗》，全集第 11 卷

我们的眼睛有时也像我们的判断一般靠不住。

伊摩琴　《辛白林》，全集第 10 卷

我们不能凭着自己的成见，从外表上判断一个人的内心。

西蒙尼狄斯　《泰尔亲王配力克里斯》，全集第 10 卷

愈是表面上装得彬彬有礼的，他的心里愈是藏着不可捉摸的奸诈。

克里翁　《泰尔亲王配力克里斯》，全集第 10 卷

当暴君假意向人亲密的时候，是最应该戒惧提防的。

配力克里斯　《泰尔亲王配力克里斯》，全集第 10 卷

人们往往用至诚的外表和虔敬的行动，掩饰一颗魔鬼般的内心。

波洛涅斯　　《哈姆莱特》，全集第 9 卷

他们用坦白的外表，包藏着极大的奸谋祸心，比二十个胁肩谄笑、小心翼翼的愚蠢的谄媚者更要不怀好意。

康华尔　　《李尔王》，全集第 9 卷

还有一种人，表面上尽管装出一副毕恭毕敬的样子，骨子里却为他们自己打算；看上去好像替主人做事，实际却靠着主人发展自己的势力，等捞足了油水，就可以知道他所尊敬的其实是他本人。

伊阿古　　《奥瑟罗》，全集第 9 卷

世上还没有一种方法，可以从一个人的脸上探察他的居心。

邓肯　　《麦克白》，全集第 8 卷

用最美妙的外表把人们的耳目欺骗；奸诈的心必须罩上虚伪的笑脸。

麦克白　　《麦克白》，全集第 8 卷

狐狸要想偷吃羊羔，它就决不叫唤。

萨福克　　《亨利六世　中篇》，全集第 6 卷

淌着眼泪的鳄鱼，装出一副可怜相，把善心的过路人骗到嘴里；……斑斓的毒蛇，蜷曲在花丛里，孩子见它颜色鲜艳，把它当作好东西，它就冷不防咬你一口。

玛格莱特王后　　《亨利六世　中篇》，全集第 6 卷

那邪恶的事物里头，也藏着美好的精华，只要你懂得怎样把它提炼出来。

亨利王 　《亨利五世》，全集第 5 卷

各人的生命中都有一段历史，观察他以往的行为的性质，便可以用近似的猜测，预断他此后的变化，那变化的萌芽虽然尚未显露，却已经潜伏在它的胚胎之中。

华列克 　《亨利四世　下篇》，全集第 5 卷

人们总是凭着外表妄加臆测……

海丽娜 　《终成眷属》，全集第 3 卷

老天造下人来，真是无奇不有；有的人老是眯着眼睛笑，好像鹦鹉见了吹风笛的人一样；有的人终日皱着眉头，即使涅斯托发誓说那笑话很可笑，他听了也不肯露一露他的牙齿，装出一个笑容来。

萨拉里诺 　《威尼斯商人》，全集第 3 卷

那无知的群众，他们只知道以貌取人，信赖着一双愚妄的眼睛，不知道窥探到内心，就像燕子把巢筑在风吹雨淋的屋外的墙壁上，自以为可保万全，不想到灾祸就会接踵而至。

阿拉贡亲王 　《威尼斯商人》，全集第 3 卷

靠着一些繁文缛节撑撑场面的家伙，正是愚妄的世人所醉心的，他们的浅薄的牙慧使傻瓜和聪明人同样受他们的欺骗，可是一经试验，他们的水泡就爆破了。

哈姆莱特 　《哈姆莱特》，全集第 9 卷

在热情燃烧的时候，一个人无论什么盟誓都会说出口来，这些火焰，是光多于热的，刚刚说出口就会光消焰灭，你不能把它们当作真火看待。

波洛涅斯　《哈姆莱特》，全集第 9 卷

往往，我们的耳朵，会败坏我们的心灵。

《鲁克丽丝受辱记》，全集第 11 卷

刁滑的叛徒总会狡赖，不用请诡辩家帮忙。

玛格莱特王后　《亨利六世　中篇》，全集第 6 卷

国王们最不幸的事，就是他们的身边追随着逢迎谄媚的奴才，把他们一时的喜怒当作了神圣的谕旨，狐假虎威地杀戮无辜的生命。

约翰王　《约翰王》，全集第 4 卷

异姓的子女，有时往往胜过自己生养的孩子；外来的种子，也一样可以长成优美的花木。

伯爵夫人　《终成眷属》，全集第 3 卷

一个好的说教师才会遵从他自己的训诲；我可以教训二十个人，吩咐他们应该做些什么事，可是要我做这二十个人中间的一个，履行我自己的教训，我就要敬谢不敏了。

鲍西娅　《威尼斯商人》，全集第 3 卷

誓言是否有效，必须视发誓的目的而定；不是任何的目的都可以使誓言发生力量。

卡珊德拉　《特洛伊罗斯与克瑞西达》，全集第 7 卷

凡是誓言，假如不是在一个对宣誓人常有管辖权的真正官长面前立下的，就毫无约束力。

理查　《亨利六世　下篇》，全集第 6 卷

当你不能肯定所发的誓言是否和忠信有矛盾的时候，那么一切誓言就要以不背弃原来的信誓为前提！不然发誓岂不成了一桩儿戏？

潘杜尔夫　《约翰王》，全集第 4 卷

……高贵的天性却可以被人诱入歧途；所以正直的人必须和正直的人为伍，因为谁是那样刚强，能够不受诱惑呢？

凯歇斯　《裘力斯·凯撒》，全集第 8 卷

与其绫罗绸缎，珠光宝气，生活在忧愁痛苦之中，不如出身清寒，和贫贱人来往，倒落个知足常乐。

安　《亨利八世》，全集第 7 卷

古话说得好，一个人神气得竟然用四条腿走路，就决不能叫人望而生畏。

斯丹法诺　《暴风雨》，全集第 1 卷

有着巨人一样的膂力是一件好事，可是把它像一个巨人一样使用出来，却是残暴的行为。

伊莎贝拉　《一报还一报》，全集第 1 卷

人们可以照着自己的意思解释一切事物的原因，实际却和这些事物本身的目的完全相反。

西塞罗　《裘力斯·凯撒》，全集第 8 卷

毛虫和蝴蝶是大不相同的，可是蝴蝶就是从毛虫变化而成的。

米尼涅斯　《科利奥兰纳斯》，全集第 3 卷

有人有力伤人，不愿用力，

他们明显能干的事，不干，

感动别人，自己却如铁石，

冷静，不受诱惑，无动于乱。

《莎士比亚十四行诗集》，第 93 篇

十一　真实·虚假

1　诚实比起腐败会赢得更多的好处

诚实比起腐败会赢得更多的好处。

伍尔习　　《亨利八世》，全集第 7 卷

我唯一的信赖，是我的坦白的胸怀；问心无愧，就能坚强。

赛伊　　《亨利六世　中篇》，全集第 6 卷

当别人用手段去沽名钓誉的时候，我却用一片忠心博得一个痴愚的名声；人家用奸诈在他们的铜冠上镀了一层金，我只有淳朴的真诚，我的王冠是敝旧而没有虚饰的。

特洛伊罗斯　　《特洛伊罗斯与克瑞西达》，全集第 7 卷

凡是我心里想到的事情，我总不愿在没有把它实行以前就放在嘴里宣扬。

考狄利娅　　《李尔王》，全集第 9 卷

因为诚恳，因为慷慨，因为一片真心而忘怀了形迹，并没有什么

可以非议的地方。

里昂提斯　《冬天的故事》，全集第 4 卷

尤其要紧的，你必须对你自己忠实；正像有了白昼才有黑夜一样，对自己忠实，才不会对别人欺诈。

波洛涅斯　《哈姆莱特》，全集第 9 卷

被收买的告密者，滚开！
你越诬告真挚的心，
越不能损害它分毫。

《十四行诗》，全集第 11 卷

人是无论什么时候都应该老老实实的。

贵族甲　《雅典的泰门》，全集第 8 卷

旅行的人决不会说谎话，足不出门的傻瓜才嗤笑他们。

安东尼奥　《暴风雨》，全集第 1 卷

我只有一片舌头，说不出两种言语。

伊莎贝拉　《一报还一报》，全集第 1 卷

坦白的供认是最好的辩解。

公主　《爱的徒劳》，全集第 2 卷

坦白直率的言语，最容易打动悲哀的耳朵。

俾隆　《爱的徒劳》，全集第 2 卷

一次背誓之后，什么誓言都靠不住了。

公主　《爱的徒劳》，全集第 2 卷

淳朴和忠诚所呈献的礼物，总是可取的。……我们不必较量他们那可怜的忠诚所不能达到的成就，而该重视他们的辛勤。

忒修斯　《仲夏夜之梦》，全集第 2 卷

一个会说话的人，他无非是个会瞎扯的人；一套娓娓动听的话只是一首山歌。……一丛黑胡子会变白；满头鬈发会变秃；一张漂亮的脸蛋会干瘪；一对圆圆的眼睛会陷落下去——可是一颗真诚的心哪，凯蒂，是太阳，是月亮——或者还不如说，是太阳，不是那月亮；因为太阳光明灿烂，从没有盈亏圆缺的变化，而是始终如一，守住它的黄道。

亨利王　《亨利五世》，全集第 5 卷

只是因为我缺少像人家那样的一双献媚求恩的眼睛，一条我所认为可耻的善于逢迎的舌头，虽然没有了这些使我不能再受您的宠爱，可是唯其如此，却使我格外尊重我自己的人格。

考狄利娅　《李尔王》，全集第 9 卷

祭司们、懦夫们、奸诈的小人、老朽的陈尸腐肉和这一类自甘沉沦的不幸的人们才有发誓的需要；他们为了不正当的理由，恐怕不能见信于人，所以不得不用誓言来替他们圆谎。

勃鲁托斯　《裘力斯·凯撒》，全集第 8 卷

有人不会口若悬河，说得天花乱坠，可并不就是无情无义。

肯特　《李尔王》，全集第 9 卷

与其向着错误的目标前进，不如再把这目标认错了，也许可以从间接的途径达到正当的大道；欺诳可以医治欺诳，正像火焰可以使一个新患热病的人浑身的热气冷却。

潘杜尔夫　《约翰王》，全集第 4 卷

他的前面的嘴巴在向他的朋友说着恭维的话，他的背后的嘴巴却在说朋友坏话讥笑他。

斯丹法诺　《暴风雨》，全集第 1 卷

忠诚因为努力的狂妄而变成毫无价值。

希波吕忒　《仲夏夜之梦》，全集第 2 卷

一个人发誓要干的假如是一件坏事，那么反过来做好事就不能算是罪恶；对一件做了会引起恶果的事情，不予以履行恰恰是忠信的表现。

潘杜尔夫　《约翰王》，全集第 4 卷

许多誓不一定可以表示真诚，真心的誓只要一个就够了。

狄安娜　《终成眷属》，全集第 3 卷

坦白质朴的忠诚，是用不着浮文虚饰的；可是没有真情的人，就像一匹尚未试步的倔犟的驽马，表现出一副奔腾千里的姿态，等到一受鞭策，就会颠踬泥涂，显出庸劣的本相。

勃鲁托斯　《裘力斯·凯撒》，全集第 8 卷

……当日发生的一切，让最有口才的人来报道，也会失真，唯有当日的行动本身才是真实的。

诺福克　《亨利八世》，全集第 7 卷

老实而不真切，说起来倒很别扭。

伊莉莎伯王后　《理查三世》，全集第 6 卷

他的一二缺陷，决不能掩盖住他的全部优点；他的过失就像天空中的星点一般，因为夜间的黑暗而格外显著；它们是与生俱来的，不是有意获得的；他这是连自己也无能为力，决不是存心如此。

莱必多斯　《安东尼与克莉奥佩特拉》，全集第 10 卷

奇怪虽然奇怪，真实却是真实……真理是永远蒙蔽不了的。

伊莎贝拉　《一报还一报》，全集第 1 卷

赞美倘若从被赞美者自己的嘴里发出，是会减去赞美的价值的；从敌人嘴里发出的赞美，才是真正的光荣。

埃涅阿斯　《特洛伊罗斯与克瑞西达》，全集第 7 卷

价值不能凭着私心的爱憎而决定，一方面这东西本身必须确有可贵的地方，另一方面它必须为估计者所重视，这样它的价值才能确立。

赫克托　《特洛伊罗斯和克瑞西达》，全集第 7 卷

我的心情是变化无常的天气，你在我身上可以同时看到温煦的日光和无情的霜霰；可是当太阳大放光明的时候，蔽天的阴云是会扫荡一空的。

国王　《终成眷属》，全集第 3 卷

我的爱人眉如鸦黑，

眼也黑装，它们像在悼伤，

有人生来不美，却不失色，

利用虚荣侮辱造化力量；

但因它们悼伤，哀愁生姿，

人人便说美丽应该如此。

《莎士比亚十四行诗集》，第 127 篇

真理是会显露出来，杀人的凶手总会给人捉住。

朗斯洛特　《威尼斯商人》，全集第 3 卷

同一的太阳照着他的宫殿，也不曾避过我们的草屋；日光是一视同仁的。

潘狄塔　《冬天的故事》，全集第 4 卷

一个人的临死遗言，就像深沉的音乐一般，有一种自然吸引注意的力量；到了奄奄一息的时候，他的话决不会白费，因为真理往往是在痛苦呻吟中说出来的。一个从此以后不再说话的人，他的意见总是比那些少年浮华之徒的甘言巧辩更能被人听取。正像垂暮的斜阳、曲终的余奏和最后一口啜下的美酒留给人们最温馨的回忆一样，一个人的结局也总是比他生前的一切格外受人注目。

刚特　《理查二世》，全集第 4 卷

天气越是晴朗空明，越显得浮云的混浊。

波林勃洛克　《理查二世》，全集第 4 卷

对自己都不信任，还会信什么真理？

《鲁克丽丝受辱记》，全集第 11 卷

一切事情为什么会这样，而不是那样，都有一个道理和缘故在内。

弗鲁爱林 《亨利五世》，全集第 5 卷

2 谎话毫无价值

荒唐怪诞的谎话，正像只手拖不住一座大山一样，谁也骗不了的。

亲王 《亨利四世 上篇》，全集第 5 卷

傻子自以为聪明，但聪明人知道他自己是个傻子。

试金石 《皆大欢喜》，全集第 3 卷

装傻装得好也是要靠才情的：他必须窥伺被他所取笑的人们的心情，了解他们的身份，还得看准时机，然后像窥伺着眼前每一只鸟雀的野鹰一样，每个机会都不放松。这是一种和聪明人的艺术一样艰难的工作：

傻子不妨说句聪明话，

聪明人说傻话难免笑骂。

薇奥拉 《第十二夜》，全集第 4 卷

造物常常用一层美丽的墙来围蔽住内中的污秽……

薇奥拉 《第十二夜》，全集第 4 卷

炫耀着双重的豪华，在尊贵的爵号之上添加饰美的谀辞，把纯金镀上金箔，替纯洁的百合花涂抹粉彩，紫罗兰的花瓣上浇洒人工的香水，研磨光滑的冰块，或是替彩虹添上一道颜色，或是企图用微弱的烛光增加那灿烂的太阳的光辉，实在是浪费而可笑的多事。

萨立斯伯雷 《约翰王》，全集第 4 卷

你用说谎的钓饵，就可以把事实的真相诱上你的钓钩；我们有智慧、有见识的人，往往用这种旁敲侧击的方法，间接达到我们的目的。

波洛涅斯　《哈姆莱特》，全集第 9 卷

我顶讨厌的就是说谎的人，正像我讨厌说假话的人或者不老实的人一样。

爱文斯　《温莎的风流娘儿们》，全集第 1 卷

一切都是命运在做主，保持着忠心的不过一个人；变心的，把盟誓起了一个毁了一个的，却有百万个人。

迫克　《仲夏夜之梦》，全集第 2 卷

为什么一个身体里面流着热血的人，要那么正襟危坐，就像他祖宗的石膏像一样呢？

葛莱西安诺　《威尼斯商人》，全集第 3 卷

世界上有一种人，他们的脸上装出一副心如止水的神气，故意表示他们的冷静，好让人家称赞他们一声智慧深沉，思想渊博；他们的神气之间，好像说："我说的话都是纶音天语，我要是一张开嘴唇来，不许有一头狗乱叫！"……我看透这一种人，他们只是因为不说话，博得了智慧的名声；可是我可以确定地说一句，要是他们说起话来，听见的人，谁都会骂他们是傻瓜的。

葛莱西安诺　《威尼斯商人》，全集第 3 卷

有的人终生向幻影追逐，只好在幻影里寻求满足。

阿拉贡亲王　《威尼斯商人》，全集第 3 卷

装饰不过是一道把船只诱进凶涛险浪的怒海中去的陷人的海岸，又像是遮掩着一个黑丑蛮女的一道美丽的面幕；总而言之，它是狡诈的世人用来欺诱智士的似是而非的真理。

巴萨尼奥　《威尼斯商人》，全集第 3 卷

我们现在这一辈博学深思的人们，惯把不可思议的事情看作平淡无奇，因此我们把惊骇视同儿戏，当我们应当为一种不知名的悲惧而战栗的时候，我们却用谬妄的知识作为护身符。

拉佛　《终成眷属》，全集第 3 卷

虚伪的谎怎么可以换到真实的爱呢？

亚马多　《爱的徒劳》，全集第 2 卷

自恃能言的傻子，正因为有了浅薄的听众随声哗笑，才会得意扬扬。可笑或不可笑取决于听者的耳朵，而不是说者的舌头。

罗瑟琳　《爱的徒劳》，全集第 2 卷

一个好的旅游者讲述他的见闻，可以在宴会上助兴；可是一个净说谎话、拾掇一两件大家知道的事实遮掩他的一千句废话的人，听见一次就该打他三次。

拉佛　《终成眷属》，全集第 3 卷

虚名是一个下贱的奴隶，在每一座墓碑上说着谎话，倒是在默默无言的一抔荒土之下，往往埋葬着忠臣义士的骸骨。

国王　《终成眷属》，全集第 3 卷

你及你的记载，我都不管，
无论过去现在，都不叹赏，
因为你的所记，我们所见，
多少是你匆忙造成的谎。

《莎士比亚十四行诗集》，第 123 篇

十二 美丽·丑陋

1 "美"一死，宇宙也就要再度陷入混沌

"美"一死，宇宙也就要再度陷入混沌。

《维纳斯与阿都尼》，全集第 11 卷

她不需要夸大的辞藻，待沽的商品才需要赞美，任何赞美都比不上她自身的美妙。

俾隆 《爱的徒劳》，全集第 2 卷

在整洁曼妙的美人之前，蓬头垢面的懒妇只会使人胸中作恶，绝对没有迷人的魅力的。

阿埃基摩 《辛白林》，全集第 10 卷

的确，一张标致的面庞，真能使人神魂颠倒，连舌头也不听使唤了。

萨福克 《亨利六世 上篇》，全集第 6 卷

你的生命是可贵的，因为在你身上具备一切生命中值得赞美的事

物，青春、美貌、智慧、勇气、贤德，这些都是足以使人生幸福的；你愿意把这一切作为孤注，那必然表示你有非凡的能耐，否则你一定有一种异常胆大妄为的天性。

国王　《终成眷属》，全集第 3 卷

一个使性子的女人，就像一池受到激动的泉水，混沌可憎，失去一切的美丽，无论怎样喉干吻渴的人，也不愿把它啜饮一口。

凯瑟丽娜　《驯悍记》，全集第 3 卷

使身体阔气，还要靠心灵。正像太阳会从乌云中探出头来一样，布衣粗服，可以格外显出一个人的正直，樫鸟并不因为羽毛的美丽，而比云雀更为珍贵，蝮蛇并不因为皮肉的光泽，而比鳗鲡更有用处。

彼特鲁乔　《驯悍记》，全集第 3 卷

美的事物不会使人破坏誓言。

公主　《爱的徒劳》，全集第 2 卷

美貌比金银更容易引起盗心。

罗瑟琳　《皆大欢喜》，全集第 3 卷

美貌是一服换骨的仙丹，它会使扶杖的衰龄返老还童。

俾隆　《爱的徒劳》，全集第 2 卷

从女人的眼睛里我得到这一个教训：它们永远闪耀着智慧的神火；它们是艺术的经典，是知识的宝库，装饰、涵容、滋养着整个世界；没有它们，一切都会失去它们的美妙。

俾隆　《爱的徒劳》，全集第 2 卷

啊，美貌如有真诚作香妆，
更将显出多少信的美丽！
玫瑰花儿好看，但我们想，
使她更好的是身上香味。

《莎士比亚十四行诗集》，第54篇

美人声诉不比一朵花强，
她怎能够与这暴力抗辩？
呜，夏天的甜香怎能抵御
时日不分昼夜攻打围袭；
既然磐石不破，钢门巩固
也都坚强难挡时光腐蚀？

《莎士比亚十四行诗集》，第65篇

一人只有一个形影，
你却一人能显各种影子。
描写阿丹尼示，那幅画像
便是拟绘你未工的临摹；
尽施美容术于海伦颊上，
新画是你穿着希腊衣服；
谈到一年的春华与秋实，
前者表现你美丽的影像，
后者显露丰饶如你恩泽；
种种英姿都见于你身上。

《莎士比亚十四行诗集》，第53篇

当代画家或我幼稚的笔，

无论怎样绘你秀外慧中，

无法使你永在人眼不失。

《莎士比亚十四行诗集》，第 16 篇

我的眼睛扮演一个画家，

将你美貌刻上我的心版。

《莎士比亚十四行诗集》，第 23 篇

"美色"用不着如簧之舌，只凭自身就自然而然能把众人的眼睛说服。

《鲁克丽丝受辱记》，全集第 11 卷

美的消耗在人间将有终尾：留着不用，就等于任由它腐朽。

《十四行诗》，全集第 11 卷

越是漂亮的脸蛋，越是禁不起岁月的摧残。

亨利王　《亨利五世》，全集第 5 卷

一只神采蹁跹的凤凰，要是把它借来的羽毛一根根拔去以后，就要变成一只秃羽的海鸥了。

元老　《雅典的泰门》，全集第 8 卷

一个人看不见自己的美貌，他的美貌只能反映在别人的眼里；眼睛，那最灵敏的感官，也看不见它自己，只有当自己的眼睛和别人的眼睛相遇的时候，才可以交换彼此的形象，因为视力不能反及自身，除非把自己的影子映在可以被自己看见的地方。

阿喀琉斯　《特洛伊罗斯与克瑞西达》，全集第 7 卷

太阳会因为蚊蚋的飞翔而黯淡了它的光辉吗？

塔摩拉　《泰特斯·安德洛尼克斯》，全集第 7 卷

月亮被浮云遮住，只能隐匿一瞬息。

《鲁克丽丝受辱记》，全集第 11 卷

2　丑事传扬开去，更加不可向迩

丑事传扬开去，更加不可向迩，最适当的办法还是遮掩起来。

配力克里斯　《泰尔亲王配力克里斯》，全集第 10 卷

不美的人，怎样的赞美都不能使她变得好看一点的。

公主　《爱的徒劳》，全集第 2 卷

最有趣的游戏，是看一群手足无措的人表演一些他们自己也不明白的玩意儿；他们拼命卖力，想讨人家的喜欢，结果却在过分卖力之中失去了原来的意义；虽然他们糟蹋了大好的材料，他们那慌张的姿态却很可以博人一笑。

公主　《爱的徒劳》，全集第 2 卷

蜜蜂把蜂房建造在腐朽的死尸躯体里，恐怕是不会飞开的。

亨利王　《亨利四世　下篇》，全集第 5 卷

心上的瑕疵是真的垢污；

无情的人才是残废之徒。

善即是美；但美丽的奸恶，

是魔鬼雕就文采的空椟。

安东尼奥　《第十二夜》，全集第 4 卷

极香的东西一腐烂就成极臭，烂百合花比野草更臭得难受。

《十四行诗》，全集第 11 卷

但你的气味怎会不符外身，

寻根究底，你已随俗浮沉。

《莎士比亚十四行诗集》，第 69 篇

但是眼睛还欠绝妙技能，

它们只画所见，不知心灵。

《莎士比亚十四行诗集》，第 24 篇

十三 善·恶

1 世禄之家，不务修善，虽有盛名，亦将隳败

穷巷陋室，有德之士居之，可以使蓬荜增辉；世禄之家，不务修善，虽有盛名，亦将隳败。

国王 《终成眷属》，全集第3卷

一件善事也正像这支蜡烛一样，在这罪恶的世界上发出广大的光辉。

鲍西娅 《威尼斯商人》，全集第3卷

在"仁厚"和"残暴"争夺王业的时候，总是那和颜悦色的"仁厚"最先把它赢到手。

亨利王 《亨利五世》，全集第5卷

一个人做了心安理得的事，就是得到了最大的酬报。

鲍西娅 《威尼斯商人》，全集第3卷

一石之微，也暗寓着教训；每一件事物中间，都可以找到些益处。

公爵 《皆大欢喜》，全集第3卷

别人作品，你只润饰笔调，

用你甜美温柔，美化学术；

但你是我学术全部，高抬

我的愚鲁到饱学的境界。

《莎士比亚十四行诗集》，第78篇

无言的淳朴所表示的情感，才是最丰富的。

忒修斯　《仲夏夜之梦》，全集第2卷

人生就像是一匹用善恶的丝线交错织成的布；我们的善行必须受我们的过失的鞭挞，才不会过分趾高气扬；我们的罪恶又赖我们的善行把它们掩盖，才不会完全绝望。

臣甲　《终成眷属》，全集第3卷

拿旁人做榜样，自己就甘心吃苦；……一个人的心灵受了鼓舞，那不用说，器官虽然已经萎缩了、僵了，也会从死沉沉的麻痹中振作起来，重新开始活动，像蜕皮的蛇获得新生的力量一样。

亨利王　《亨利五世》，全集第5卷

善良人的生命往往在他们帽上的花朵还没有枯萎以前就化为朝露。

洛斯　《麦克白》，全集第8卷

一切事情都不能永远保持良好，因为过度的善反会摧毁它的本身，正像一个人因充血而死去一样。

国王　《哈姆莱特》，全集第9卷

善恶的区别，在于行为的本身，不在于地位的有无。

国王　《终成眷属》，全集第 3 卷

大地是生化万类的慈母，
她又是掩藏群生的坟墓，
……
天生下的万物没有弃掷，
什么都有它各自的特色，
石块的冥顽，草木的无知，
都含着玄妙的造化生机。
莫看那蠢蠢的恶木莠蔓，
对世间都有它特殊的贡献，
即使最纯良的美谷嘉禾，
用得失当也会害性戕躯。
美德的误用会变成罪过，
罪恶有时候反会造成善果。
这一朵有毒的弱蕊纤苞，
也会把淹煎的痼疾医疗；
它的香味可以祛除百病，
吃下腹中却会昏迷不醒。
草木和人心并没有不同，
各自有善意和恶念争雄；
恶的势力倘若占了上风，
死便会蛀蚀进它的心中。

劳伦斯　《罗密欧与朱丽叶》，全集第 8 卷

在一切人类关系之中，还有什么比妻子对于丈夫更亲近的？要是这一条自然的法律为感情所破坏，思想卓越的人因为被私心所蒙蔽，也对它悍然不顾，那么在每一个组织健全的国家里，都有一条制定的法律，抑制这一类悖逆的乱行。

赫克托　《特洛伊罗斯与克瑞西达》，全集第 7 卷

2　宽仁是高尚人格的象征

慈悲是高尚人格的真实标记。

塔摩拉　《泰特斯·安德洛尼克斯》，全集第 7 卷

慈悲不是出于勉强，它是像甘霖一样从天上降下尘世；它不但给幸福于受施的人，也同样给幸福于施与的人；它有超乎一切的无上威力，比皇冠更足以显出一个帝王的高贵：御杖不过象征着俗世的威权，使人民对于君上的尊严凛然生畏；慈悲的力量却高于权力之上，它深藏在帝王的内心……

鲍西娅　《威尼斯商人》，全集第 3 卷

任何大人物的章饰，无论是国王的冠冕、摄政的宝剑、大将的权标，或是法官的礼服，都比不上仁慈那样更能衬托出他们的庄严高贵。

伊莎贝拉　《一报还一报》，全集第 1 卷

慈悲不是姑息，过恶不可纵容。

爱斯卡勒斯　《一报还一报》，全集第 1 卷

卑劣的赎罪和大度的宽赦是两件不同的事情；合法的慈悲，是不

可和肮脏的徇纵同日而语的。

伊莎贝拉　《一报还一报》，全集第 1 卷

陪着哭泣的人流泪，多少会使他感到几分安慰，可是满心的怨苦被人嘲笑，却是双重的死刑。

玛克斯　《泰特斯·安德洛尼克斯》，全集第 7 卷

我听见人家说狮子受到慈悲心的感动，会容忍它的尊严的脚爪被人剪去；……有人说，乌鸦常常抚育被遗弃的孤雏，却让自己的小鸟在巢中受饿。

拉维妮娅　《泰特斯·安德洛尼克斯》，全集第 7 卷

对杀人的凶手不能讲慈悲，否则就是鼓励杀人了。

亲王　《罗密欧与朱丽叶》，全集第 8 卷

宽恕人家所不能宽恕的，是一种高贵的行为。

考密涅斯　《科利奥兰纳斯》，全集第 7 卷

把"宽恕"说了两次，并不是把宽恕分而为二，而只会格外加强宽恕的力量。

约克公爵夫人　《理查二世》，全集第 4 卷

每个人都是生来就有他自己的癖好，对这些癖好只能宽大为怀，不能用强力来横加压制。

俾隆　《爱的徒劳》，全集第 2 卷

深刻的仇恨会造成太深的伤痕。

理查王　《理查二世》，全集第 4 卷

3　罪恶最善于遮掩自己

狡狯的罪恶那么善于用真诚的面具遮掩它自己！

克劳狄奥　《无事生非》，全集第 2 卷

他们希图用比较清白的颜色掩饰去他们的毒心。

普洛斯彼罗　《暴风雨》，全集第 1 卷

世上最恶的坏人，也许瞧上去就像安哲鲁那样拘谨严肃，正直无私；安哲鲁在庄严的外表、清正的名声、崇高的位阶的重重掩饰下，也许就是一个罪大恶极的凶徒。

伊莎贝拉　《一报还一报》，全集第 1 卷

人世间的煊赫光荣，往往产生在罪恶之中，为了身外的浮名，牺牲自己的良心。

公主　《爱的徒劳》，全集第 2 卷

罪恶镀了金，公道的坚强的枪刺戳在上面也会折断；把它用破烂的布条裹起来，一根侏儒的稻草就可以戳穿它。

李尔王　《李尔王》，全集第 9 卷

我负疚的灵魂惴惴惊惶，
琐琐细事也像预兆灾殃；

罪恶是这样充满了疑猜，

越小心越容易流露鬼胎。

王后　《哈姆莱特》，全集第 9 卷

恶人的脸相虽然狰狞可怖，要是与比他更恶的人相比，就会显得和蔼可亲；不是绝顶的凶恶，总还有几分可取。

李尔王　《李尔王》，全集第 9 卷

在一个佞人的眼中，即使有像俄林波斯山峰一样高大的错误，也会视而不见。

勃鲁托斯　《裘力斯·凯撒》，全集第 8 卷

世上还有什么东西比那些把最高贵的人引到了最没落的下场的朋友们更可恶的！

弗莱维斯　《雅典的泰门》，全集第 8 卷

智慧和仁义在恶人眼中都是恶的；下流的人只喜欢下流的事。

奥本尼　《李尔王》，全集第 9 卷

要是权力能够转移人的本性，那么世上正人君子的本来面目究竟是怎样的？

公爵　《一报还一报》，全集第 1 卷

但是你那诗人写出你的，

他盗自你，然后给你送回。

他说你有美德，但这字眼

他偷自你行为；他说你美，
他拾自你脸靥；他所褒赞
你的，无非是你早已具备。
那么，无须为他的话感激，
因为他给你的，你已付出。

《莎士比亚十四行诗集》，第79篇

……
用的是华而不实的笔触，
你的真美只有真实友人，
用真实话才能反映真确，
他们浓艳的涂抹可化妆
贫血的脸；不合用你脸上。

《莎士比亚十四行诗集》，第82篇

许多人的脸上，变心故事
写于一颦一蹙，情态上面
但是上天生你，就已注定
你的脸上甜美的爱长驻；
无论你有什么思想感情，
你的脸上只有甜美流露。

《莎士比亚十四行诗集》，第93篇

有钱的坏人需要没钱的坏人帮忙的时候，没钱的坏人当然可以漫
天讨价。

波拉契奥 《无事生非》，全集第2卷

"利益"这颠倒乾坤的势力；这世界本来是安放得好好的，循着平稳的轨道平稳前进，都是这"利益"，这引人作恶的势力，这动摇不定的"利益"，使它脱离了不偏不颇的正道，迷失了它正当的方面、目的和途径；就是这颠倒乾坤的势力，这"利益"，这牵线的媒介，这捐客，这变化无常的名词，蒙蔽了……肉眼……

庶子　《约翰王》，全集第 4 卷

懒蜂吸不到天鹰的血，只能抢劫蜂房。

萨福克　《亨利六世　中篇》，全集第 6 卷

狐狸纵然没有咬出羊的血，但它生性就是羊群的敌人……

萨福克　《亨利六世　中篇》，全集第 6 卷

高贵的天赋一旦使用不当，思想腐化，必然变为罪恶，其面貌比起原来的秀丽来丑恶十倍。

亨利王　《亨利八世》，全集第 7 卷

乌鸦是孵不出云雀来的。

拉维妮娅　《泰特斯·安德洛尼克斯》，全集第 7 卷

凡是能够动手干那些比黑暗更幽暗的行为而不知惭愧的人，一定会不惜采取任何的手段，把它们竭力遮掩的。

配力克里斯　《泰尔亲王配力克里斯》，全集第 10 卷

以不义开始的事情，必须用罪恶使它巩固。

麦克白　《麦克白》，全集第 8 卷

春风和煦，往往使恶草滋蔓；优柔寡断，往往使盗贼横行。

克列福　《亨利六世　下篇》，全集第 6 卷

毒药有时也能治病……

诺森伯兰　《亨利四世　下篇》，全集第 5 卷

惊醒一头狼跟闻到一头狐狸是同样糟糕的事。

福斯塔夫　《亨利四世　下篇》，全集第 5 卷

4　恶行不会长久

总有一天，深藏的奸诈会渐渐显出它的原形；罪恶虽然可以掩饰一时，免不了最后出乖露丑。

考狄利娅　《李尔王》，全集第 9 卷

在个人方面也常常是这样，由于品性上有某些丑恶的瘢痣：或者是天生的——这就不能怪本人，因为天性不能由自己选择；或者是某种脾气发展到反常地步，冲破了理智的约束和防卫；或者是某种习惯玷污了原来令人喜爱的举止；这些人只要带着上述一种缺点的烙印——天生的标记或者偶然的机缘——不管在其余方面他们是如何圣洁，如何具备一个人所能有的无限美德，由于那点特殊的毛病，在世人的非议中也会感染溃烂；少量的邪恶足以勾销全部高贵的品质，害得人声名狼藉。

哈姆莱特　《哈姆莱特》，全集第 9 卷

天理昭彰，暂时包庇起来的罪恶，总有一天会揭露出来的。

伊莎贝拉　《一报还一报》，全集第 1 卷

人不过是他自己的叛徒；正像一切叛徒的行为一样，在达到罪恶的目的之前，总要露出自己的本性。

臣乙　《终成眷属》，全集第 3 卷

恶念是隐藏不住的。

葛罗斯特　《亨利六世　中篇》，全集第 6 卷

害人终于害己，责人者只好自责。

勃金汉　《理查三世》，全集第 6 卷

要是用毁灭他人的手段，使自己置身在充满着疑虑的欢娱里，那么还不如那被我们所害的人，倒落得无忧无虑。

麦克白夫人　《麦克白》，全集第 8 卷

我们往往逃不过现世的裁判；我们树立下血的榜样，教会别人杀人；结果反而自己被人所杀；把毒药投入酒杯里的人，结果也会自己饮鸩而死，这就是一丝不爽的报应。

麦克白　《麦克白》，全集第 8 卷

恶毒的诅咒，好比照在镜子里的阳光，好比多装了火药的大炮，有一股倒坐的劲头，会回击到你自己身上的。

玛格莱特王后　《亨利六世　中篇》，全集第 6 卷

一个人做了坏事，虽然有天大的聪明，也会受人之愚。

福斯塔夫　《温莎的风流娘儿们》，全集第 1 卷

腐蚀的臭锈，能把深藏的宝物消耗干净。

《维纳斯与阿都尼》，全集第 11 卷

谁都不会咒骂萎谢零落的花瓣，

只会怒斥那凶暴的、摧残花卉的冬天；

那被吞噬者何罪？吞噬者才该受责难。

《鲁克丽丝受辱记》，全集第 11 卷

什么事情都逃不过旁观者的冷眼；渊深莫测的海底也可以量度得到，潜藏在心头的思想也会被人猜中。

俄底修斯　《特洛伊罗斯与克瑞西达》，全集第 7 卷

种下莠草哪能收起佳禾？

俾隆　《爱的徒劳》，全集第 2 卷

垃圾里是淘不出金子来的。

李尔王　《李尔王》，全集第 9 卷

当那洞察一切的天眼隐藏在地球的背后照耀着下方的世界的时候，盗贼们是会在黑夜中到处横行，干他们杀人流血的恶事的；可是当太阳从地球的下面升起，把东山上的松林照得一片通红，它的光辉探照

到每一处罪恶的巢窟的时候，暗杀、叛逆和种种可憎的罪恶，因为失去了黑夜的遮蔽，就会在光天化日之下无所遁形，向着自己的影子战栗……

理查王　《理查二世》，全集第 4 卷

不要以为自恃正义，便可以伤害他人，如果那是合法的，那么用暴力劫夺所得的财物拿去布施，也可以说是合法的了。

安德洛玛刻　《特洛伊罗斯与克瑞西达》，全集第 7 卷

5　人心险恶

一个居心不正的坏家伙，当他斜着眼睛瞧人的时候，正像一条发着咝咝声音的蛇一样靠不住。

忒耳西忒斯　《特洛伊罗斯与克瑞西达》，全集第 7 卷

明枪好躲，暗箭难防，任是英雄好汉，也逃不过诡计阴谋。

帕洛　《终成眷属》，全集第 3 卷

圣贤也不能逃避谗口的中伤；春天的草木往往还没有吐放它们的蓓蕾就被蛀虫蠹蚀；朝露一样晶莹的青春，常常会受到罡风的吹打。

雷欧提斯　《哈姆莱特》，全集第 9 卷

人间的权力尊荣，总是逃不过他人的讥弹；最纯洁的德行，也免不了背后的诽谤。

公爵　《一报还一报》，全集第 1 卷

谣言，它的锋刃比刀剑更锐利，它的长舌比尼罗河中所有的毒蛇更毒，它的呼吸驾着疾风，向世界的每一个角落散播它的恶意的诽谤，宫廷之内，政府之中，少女和妇人的心头，以至于幽暗的坟墓，都是这恶毒的谣言伸展它的势力的所在。

毕萨尼奥　《辛白林》，全集第 10 卷

谣言是一支凭着推测、猜疑和臆度吹响的笛子，它是那样容易上口，即使那长着无数头颅的鲁莽的怪物，那永不一致的动摇的群众，也可以把它信口吹奏。

谣言　《亨利四世　下篇》，全集第 5 卷

当谣言高声讲话的时候，你们有谁肯掩住自己的耳朵呢？我从东方到西方，借着天风做我的驿马，到处宣扬这地球上所发生的种种事情；我的舌头永远为诽谤所驾驭，我用每一种语言把它向世间公布，使每个人的耳朵里充满着虚伪的消息。当隐藏的敌意佯装着安全的笑容，在暗中伤害这世界的时候，我却在高谈和平；当人心惶惶的多事之秋，大家恐惧着战祸临头、实际却并没有这么一回事的时候，除了谣言，除了我，还有谁在那儿煽动他们招兵买马，设防备战？

谣言　《亨利四世　下篇》，全集第 5 卷

最是那甘言的谄媚，

越显出居心的奸诡。

老人　《泰尔亲王配力克里斯》，全集第 10 卷

谄媚是簸扬罪恶的风箱，佞人的口舌可以把星星之火煽成熊熊的烈焰；正直的规谏才是君王们所应该听取的，因为他们同属凡人，不

能没有错误。

赫力堪纳斯　《泰尔亲王配力克里斯》，全集第 10 卷

犀牛见欺于树木，熊见欺于镜子，象见欺于土穴，狮子见欺于罗网，人类见欺于谄媚。

狄歇斯　《裘力斯·凯撒》，全集第 8 卷

人们的耳朵不能容纳忠言，谄媚却这样容易进去！

艾帕曼特斯　《雅典的泰门》，全集第 8 卷

日久生厌的意志——那饱餍粱肉而未知满足的欲望，正像一面灌下一面漏出的水盆一样，在大嚼肥美的羔羊以后，却想慕着肉骨菜屑的异味。

阿埃基摩　《辛白林》，全集第 10 卷

当我们胆敢作恶，来满足卑下的希冀，
我们就迷失了本性，不再是我们自己；
当我们财资丰裕，可憎的贪婪恶癖，
偏叫人想到缺欠，把我们折磨不已；
这样，对已得的资财，我们置之不理；
只因缺少智力，我们且取且弃，
通过不断的增殖，变成一贫如洗。

《鲁克丽丝受辱记》，全集第 11 卷

贪多务得的人们，孜孜地谋求取得
那尚未取到的一切，原有的却执掌不牢，

那已经取到的一切，便因此松脱、丢掉；

他们贪求的愈多，他们占有的愈少；

或是占有的虽多，而由于填塞得过饱，

结果是疖积难消，反而备尝苦恼，

他们是假富真穷，成了破产的富豪。

《鲁克丽丝受辱记》，全集第 11 卷

当工人们拼命想把他们的工作做得格外精致的时候，因为贪心不足的缘故，反而给他们原有的技能带来损害；为一件过失辩解，往往使这过失显得格外重大，正像用布块缝一个小小的窟窿眼儿，反而欲盖弥彰一样。

彭勃洛克　《约翰王》，全集第 4 卷

贪欲永远无底，

占有的已经太多，仍渴求更多的东西。

《鲁克丽丝受辱记》，全集第 11 卷

你把羞耻装得又美又香，

像芬芳玫瑰中一只蛀虫，

玷污你含苞初放的名望！

《莎士比亚十四行诗集》，第 95 篇

自愿的贫困胜如不定的浮华，穷奢极欲的人要。是贪得无厌，比最贫困而知足的人更要不幸得多了。

艾帕曼特斯　《雅典的泰门》，全集第 8 卷

一条自命不凡的恶狗如果有人拉住它，它就往回挣扎着要咬人；如果放任它，它只要被熊掌一拍，就会夹着尾巴狂吠起来。

理查　《亨利六世　中篇》，全集第 6 卷

野心是那么空虚轻浮的东西，所以……它不过是影子的影子。

罗森格兰兹　《哈姆莱特》，全集第 9 卷

可怜的愚人们是这样信任着虚伪的教师；虽然受欺者的心中感到深刻的剧痛，可是欺诈的人也逃不了更痛苦的良心的谴责。

伊摩琴　《辛白林》，全集第 10 卷

正义的怒火一旦燃烧起来，最骄傲的阴谋者也逃不了它的斧钺的威严。

萨特尼纳斯　《泰特斯·安德洛尼克斯》，全集第 7 卷

您要留心嫉妒啊，那是一个绿眼的妖魔，谁做了它的牺牲者，就要受它的玩弄。

伊阿古　《奥瑟罗》，全集第 9 卷

心里长起根深蒂固的嫉妒来，没有一种理智的药饵可以把它治疗。

伊阿古　《奥瑟罗》，全集第 9 卷

他把心事一股脑儿闷在自己肚里，总是守口如瓶，不让人家试探出来，正像一朵初生的蓓蕾，还没有迎风舒展它的嫩瓣，向太阳献吐它的娇艳，就给嫉妒的蛀虫咬啮了一样。

蒙太古　《罗密欧与朱丽叶》，全集第 8 卷

妒妇的长舌比疯狗的牙齿更毒。

住持尼 《错误的喜剧》，全集第 2 卷

像空气一样轻的小事，对于一个嫉妒的人，也会变成天书一样坚强的确证。

伊阿古 《奥瑟罗》，全集第 9 卷

多疑的人……往往不是因为有了什么理由而嫉妒，而是为了嫉妒而嫉妒。那是一个凭空而来的、自生自长的怪物。

爱米利娅 《奥瑟罗》，全集第 9 卷

"爱"所在的心里，有好捣乱的"妒忌"，自称为"爱"的卫士，给它警戒，把它护持。

使温存柔和的"爱"，也把热劲头冷却减低，像凉水和湿气，把腾腾的烈火压制灭熄。

《维纳斯与阿都尼》，全集第 11 卷

造谣生事、挑奸起火、搬是弄非的"嫉妒"，
有时把真话传播，又有时把谎言散布。

《维纳斯与阿都尼》，全集第 11 卷

那些把嫉妒和邪恶作为营养的人，见了最好的人也敢去咬一口。

克兰默 《亨利八世》，全集第 7 卷

猜疑有一条多么敏捷的舌头！谁只要一担心到他所不愿意知道的事情，就会本能地从别人的眼睛里知道他所忧虑的已经实现。

诺森伯兰 《亨利四世 下篇》，全集第 5 卷

6 对邪恶不能姑息纵容

现在还是春天，恶草的根儿还长得不深，如果不趁早锄掉，它就会滋蔓起来，长得遍地皆是，把香花都给挤死了。

玛格莱特王后 《亨利六世　中篇》，全集第 6 卷

一颗蛇蛋，与其让它孵出以后害人，不如趁它还在壳里的时候就把它杀死。

勃鲁托斯 《裘力斯·凯撒》，全集第 8 卷

罪恶的行为，要是姑息纵容，不加惩罚，那就是无形的默许。既然准许他们这样做了，现在再重新责罚他们，那就是暴政了。

公爵 《一报还一报》，全集第 1 卷

狮子把温和的目光投到什么人的身上？决不能投向攘夺它的窟穴的野兽身上。森林中的大熊舔什么人的手？决不能舔那当面杀害小熊的敌人的手。谁能躲过暗藏的毒蛇的利齿？决不是那将脚放在蛇背上的人。最微小的虫蚁儿还知道避开踩它的脚，驯良的鸽子为了保护幼雏也要反啄几口。

克列福 《亨利六世　下篇》，全集第 6 卷

一个心地不纯正的人，即使有几分好处，人家在称赞他的时候，总不免带着几分惋惜；因为那样的好处也就等于是邪恶的帮手。

伯爵夫人 《终成眷属》，全集第 3 卷

最有意味的戏谑是以谑攻谑，让那存心侮弄的自取其辱……

公主 《爱的徒劳》，全集第 2 卷

用暴力攫取的威权必须用暴力维持，站在易于滑跌的地面上的人，不惜抓住一根枯朽的烂木支持他的平稳。

潘杜尔夫 《约翰王》，全集第 4 卷

姑息的结果只是放纵了罪恶。

元老甲 《雅典的泰门》，全集第 8 卷

在一场大病痊愈以前，就在开始复原的时候，那症状是最凶险的，灾祸临去之时，它的毒焰也最为可怕。

潘杜尔夫 《约翰王》，全集第 4 卷

十四　悲·欢

1　谁都免不了受烦恼和忧愁的缠绕

虽然住在气候宜人的地方，也免不了受蚊蝇的滋扰，虽然享受着盛大的欢乐，也免不了受烦恼的缠绕。

伊阿古　　《奥瑟罗》，全集第 9 卷

人是谁都免不了有心里不痛快的时候的。

鲍西娅　　《裘力斯·凯撒》，全集第 8 卷

人如果把每一种临到他身上的忧愁都容纳进他的心里，那他可就大大地……大大地把身子伤了。

贡柴罗　　《暴风雨》，全集第 1 卷

美貌最怕忧伤来损害。

普洛斯彼罗　　《暴风雨》，全集第 1 卷

一个苦恼到极点的人假使还有办法对付那暴君的狂怒，挫败他的骄傲的意志，那么他多少还有一点可以自慰。

葛罗斯特　　《李尔王》，全集第 9 卷

好多天的早上曾经有人在那边看见过他，用眼泪洒为清晨的露水，用长叹嘘成天空的云雾；可是一等到鼓舞众生的太阳在东方的天边开始揭起黎明的帐幕的时候，我那怀着一颗沉重的心的儿子，就逃避了光明，溜回到家里；一个人关起了门躲在房间里，闭紧了窗子，把大好的阳光锁在外面，为他自己造成了一个人工的黑夜。他这一种怪脾气恐怕不是好兆，除非良言劝告可以替他解除心头的烦恼。

蒙太古　《罗密欧与朱丽叶》，全集第 8 卷

强作欢娱的忧伤，是和乐极生悲同样使人难堪的。

特洛伊罗斯　《特洛伊罗斯与克瑞西达》，全集第 7 卷

忧思分割着时季，扰乱着安息，把夜间变为早晨，昼午变为黑夜。

勃莱肯伯雷　《理查三世》，全集第 6 卷

旧恨会显得温顺，新愁却迥然不同；
时间调顺了旧的，新的却暴戾强横，
像一个不善游泳者，冒失地跃入水中；
只因他功夫欠缺，拼命游仍然灭顶。

《鲁克丽丝受辱记》，全集第 11 卷

我自己已经有太多的忧愁重压在我的心头，你对我表示的同情，徒然使我在太多的忧愁之上再加上一重忧愁。

罗密欧　《罗密欧与朱丽叶》，全集第 8 卷

我向白天讨好，你好光明，
你照亮云雾遮住的天心；

我也谄媚黑夜，没有星星

眨眼，你把夕暮镀上黄金。

但是白天日日拉长愁肠，

夜晚夜夜将我痛苦加强。

《莎士比亚十四行诗集》，第 28 篇

我没有学者的忧愁，那是好胜；也没有音乐家的忧愁，那是幻想；也没有侍臣的忧愁，那是狡猾；也没有女人的忧愁，那是挑剔；也没有情人的忧愁，那是集上面一切之大成；我的忧愁全然是我独有的，它是由多种成分组成的，是从许多事物中提炼出来的，是我旅行中所得到的各种观感，因为不断沉思，终于把我笼罩在一种十分古怪的悲哀之中。

杰奎斯　《皆大欢喜》，全集第 3 卷

2　困苦是坚强之母

升平富足的盛世，徒然养成一批懦夫，困苦永远是坚强之母。

伊摩琴　《辛白林》，全集第 10 卷

困苦可以使脸色惨淡，却未必能改变心肠。

潘狄塔　《冬天的故事》，全集第 4 卷

苦难虽已疲惫，它却很少睡眠；

不寐的人们晓得时间爬行得多慢。

《鲁克丽丝受辱记》，全集第 11 卷

安慰是在天上，我们都是地上的人，除了忧愁、困苦和悲哀之外，这世间再没有其他的事物存在。

约克　《理查二世》，全集第 4 卷

一个人在困苦之中是会把自己揶揄的……

刚特　《理查二世》，全集第 4 卷

小狗对你龇牙，你可以不加理会；但听到狮子吼叫，就是大人物也要胆战心惊。

玛格莱特王后　《亨利六世　中篇》，全集第 6 卷

3　悲哀可以适当，伤心却不可以过度

适当的悲哀可以表示感情的深切，过度的伤心却可以证明智慧的欠缺。

凯普莱特夫人　《罗密欧与朱丽叶》，全集第 8 卷

适度的悲伤是对于死者应有的情分；过分的哀戚是摧残生命的仇敌。

拉佛　《终成眷属》，全集第 3 卷

如果人们不对悲伤屈服，过度的悲伤不久就会自己告终的。

海丽娜　《终成眷属》，全集第 3 卷

没有一种悲哀比之你真心的爱人死去那时候更使你心碎了。

西尔维娅　《维洛那二绅士》，全集第 1 卷

把……仇恨作为磨快你的剑锋的砺石，让哀痛变成愤怒。

马尔康 《麦克白》，全集第 8 卷

已经过去而无能为力的事，悲伤也是没有用的。

宝丽娜 《冬天的故事》，全集第 4 卷

在悲哀里度过的时间似乎是格外长的。

罗密欧 《罗密欧与朱丽叶》，全集第 8 卷

悲哀在他心上刻下的创痕，比战士盾牌上的剑痕更多。

玛克斯 《泰特斯·安德洛尼克斯》，全集第 7 卷

重大的悲哀是会解除轻微的不幸的。

培拉律斯 《辛白林》，全集第 10 卷

真挚的悲痛，好比任性的顽童，他一旦闹了别扭，什么都不肯应允。

《鲁克丽丝受辱记》，全集第 11 卷

望见了海岸才溺死，是死得双倍凄惨；
眼前有食物却挨饿，会饿得十倍焦烦；
看到了敷伤的膏药，伤口更疼痛不堪；
能宽慰悲哀的事物，使悲哀升到顶点；
深沉的痛苦像潮水，滚滚地奔流向前；
它若是遭到遏止，就溢出拦截的堤岸；
悲哀一旦被轻忽，就无视法度和规范。

《鲁克丽丝受辱记》，全集第 11 卷

谁要是能够把悲哀一笑置之，悲哀也会减弱它的咬人的力量。

刚特 《理查二世》，全集第 4 卷

当悲哀的利齿只管咬人，却不能挖出病疮的时候，伤口的腐烂疼痛最难忍受。

波林勃洛克 《理查二世》，全集第 4 卷

越是缺少担负悲哀的勇气，悲哀压在心头越是沉重。

刚特 《理查二世》，全集第 4 卷

对于欢乐中的人们，六年是一段短促的时间；可是悲哀使人度日如年。

波林勃洛克 《理查二世》，全集第 4 卷

离别了欢乐，剩下的只有悲哀。

波林勃洛克 《理查二世》，全集第 4 卷

悲伤使人心软，使人胆怯而丧气。

玛格莱特王后 《亨利六世 中篇》，全集第 6 卷

固执不变的哀伤，却是一种逆天悖理的愚行，不是堂堂男子所应有的举动；它表现出一个不肯安于天命的意志，一个禁不起艰难痛苦的心，一个缺少忍耐的头脑和一个简单愚昧的理性。

国王 《哈姆莱特》，全集第 9 卷

悲哀落在地上，还会重新跳起，不是因为它的空虚，而是因为它

的重量。

葛罗斯特公爵夫人　《理查二世》，全集第 4 卷

我的泪水比夏天的雨水更多，夏雨可以滋养禾苗，我的泪水只能倾泻我的悲伤。

玛格莱特王后　《亨利六世　中篇》，全集第 6 卷

一切严肃的事物，是应该适用于严肃的情境之下的。……无事而狂欢，和为了打碎玩物而痛哭，这是猴子的喜乐和小儿的悲哀。

吉德律斯　《辛白林》，全集第 10 卷

悲哀的眼中的虚伪的影子，它往往把想象误为真实而浪掷它的眼泪。

布希　《理查二世》，全集第 4 卷

每一个悲哀的本体都有二十个影子，它们的形状都和悲哀本身一样，但它们并没有实际的存在；因为镀着一层泪液的愁人之眼，往往会把一件整个的东西化成无数的形象。就像凹凸镜一般，从正面望去，只见一片模糊，从侧面观看，却可以辨别形状。

布希　《理查二世》，全集第 4 卷

深深海峡的喧声，比浅浅小河的微弱，
言语的风儿一吹动，悲哀的潮水就退落。

《鲁克丽丝受辱记》，全集第 11 卷

4　想到自己的苦难别人也曾熬受过，
虽不能治愈痛楚，却可以使它稍稍缓和

　　想到自己的苦难别人也曾熬受过，虽不能治愈痛楚，却可以使它稍稍缓和。

《鲁克丽丝受辱记》，全集第 11 卷

　　人们对于自己并不感觉到的痛苦，是会用空洞的话来劝告慰藉的，可是他们要是自己尝到了这种痛苦的滋味，他们的理性就会让感情来主宰了，他们就会觉得他们给人家服用的药饵，对自己也不会发生效力；极度的疯狂，是不能用一根丝线把它拴住的，就像空话不能止痛一样。……谁都会劝一个在悲哀的重压下辗转呻吟的人安心忍耐，可是谁也没有那样的修养和勇气，能够叫自己忍受同样的痛苦。

里奥那托　《无事生非》，全集第 2 卷

　　剧烈的痛苦在长时间的延续之中，可以使人失去痛苦的感觉。

亨利亲王　《约翰王》，全集第 4 卷

　　谁愿意忍受人世的鞭挞和讥嘲、压迫者的凌辱、傲慢者的冷眼、被轻蔑的爱情的惨痛、法律的迁延、官吏的横暴和费尽辛勤所换来的小人的鄙视，要是他只要用一柄小小的刀子，就可以清算他自己的一生？谁愿意负着这样的重担，在烦劳的生命的压迫下呻吟流汗，倘不是因为惧怕不可知的死后，惧怕那从来不曾有一个旅人回来过的神秘之国，是它迷惑了我们的意志，使我们宁愿忍受目前的磨折，不敢向我们所不知道的痛苦飞去？

哈姆莱特　《哈姆莱特》，全集第 9 卷

我们现在这一切悲哀痛苦，到将来便是握手谈心的资料。

罗密欧　《罗密欧与朱丽叶》，全集第 8 卷

一个人既然找不到感情的消遣，他自然要闷闷不乐，心灰意懒，百病丛生了。

住持尼　《错误的喜剧》，全集第 2 卷

死的惨痛大部分是心理上造成的恐怖，被我们践踏的一只无知的甲虫，它的肉体上的痛苦，和一个巨人在临死时所感到的并无异样。

伊莎贝拉　《一报还一报》，全集第 1 卷

眼见希望幻灭，厄运临头，
无可挽回，何必满腹牢愁？
为了既成的灾祸而痛苦，
徒然招惹出更多的灾祸。
既不能和命运争强斗胜，
还是付之一笑，安心耐忍。
聪明人遭盗窃毫不介意；
痛哭流涕反而伤害自己。

公爵　《奥瑟罗》，全集第 9 卷

我的耳朵早被谎话所刺伤，任何的打击都不能使它感到更大的痛苦，也没有哪一根医生的探针可以探测我的伤口有多么深。

伊摩琴　《辛白林》，全集第 10 卷

眼泪虽然可以表示善意的同情，却不能挽回已成的事实。

理查王　《理查二世》，全集第 4 卷

分离即便是一服苦药，为了医治痼疾，也不能不使用它。

玛格莱特王后　《亨利六世　中篇》，全集第 6 卷

我对自己的痛苦还有些惝恍迷离，正如一个过饱的人，一时还不能体验饥饿的滋味。

玛格莱特王后　《亨利六世　中篇》，全集第 6 卷

生离比死别更是百倍地叫人难受啊！

玛格莱特王后　《亨利六世　中篇》，全集第 6 卷

你倘若只顾怀念过去，同时又无法摆脱目前的处境，你的苦难将更加难忍受。

玛格莱特王后　《理查三世》，全集第 6 卷

辞令原是消除苦痛的辩护人，他们极吹嘘之能事，聊以自慰，可惜好景不长，枉留得悲恨的余音在空中颤动！

伊丽莎白王后　《理查三世》，全集第 6 卷

一个人要是身染重病，他就不会感觉到小小的痛楚。你见了一头熊就要转身逃走，可是假如你的背后是汹涌的大海，你就只好硬着头皮向那头熊迎面走去了。

李尔　《李尔王》，全集第 9 卷

5　快乐难能可贵

静默是表示快乐的最好的方法；要是我能够说出我的心里多么快

乐，那么我的快乐只是有限度的。

克劳狄奥　《无事生非》，全集第 2 卷

最大的不幸是独抱牢愁，
任何的欢娱兜不上心头；
倘有了同病相怜的伴侣，
天大的痛苦也会解去一半。

爱德伽　《李尔王》，全集第 9 卷

因为快乐而哭泣，比之看见别人哭泣而快乐，总要好得多啦！

里奥那托　《无事生非》，全集第 2 卷

与快活的伙伴为伍，忧郁的灵魂活不成；
置身于悲哀的团体中，悲哀最感到高兴；
真挚的苦痛得到了同病相怜的同情，
于是乎心满意足，于是乎感激涕零。

《鲁克丽丝受辱记》，全集第 11 卷

我啊，命定没有那种幸运，
不料却得我最爱的欢乐。
……
如此，爱与被爱，我好福气；
我不见异思迁，也不被弃。

《莎士比亚十四行诗集》，第 25 篇

十五　友　谊

1　患难见真情

朋友间必须是患难相济，
那才能说得上真正友谊；
你有伤心事，他也哭泣，
你睡不着，他也难安息，
不管你遇上任何苦难，
他都心甘情愿和你分担。

《乐曲杂咏》，全集第 11 卷

患难之中的友谊，能够使患难舒缓。

《鲁克丽丝受辱记》，全集第 11 卷

一切礼仪，都是为了文饰那些虚应故事的行为、言不由衷的欢迎、出尔反尔的殷勤而设立的；如果有真实的友谊，这些虚伪的形式就该一律摈弃。

泰门　《雅典的泰门》，全集第 8 卷

没有什么苦药我会怕苦，

一罚又罚不算双倍严惩。

怜悯我吧，爱友，我敢担保

你的怜悯足以把我医好。

《莎士比亚十四行诗集》，第3篇

一个朋友应当原谅他朋友的过失……

凯歇斯　《裘力斯·凯撒》，全集第8卷

冰冷的雪花一遇到火热的阳光，就要立即融化。

玛格莱特王后　《亨利六世　中篇》，全集第6卷

……我所唯一引为骄傲的事，就是我有一颗不忘友情的灵魂；要是我借着你们善意的协助而安享富贵，我决不会辜负你们的盛情。

波林勃洛克　《理查二世》，全集第4卷

酒肴即使稀少，只要主人好客，也一样可以尽欢。

鲍尔萨泽　《错误的喜剧》，全集第2卷

真有交情，谈话里就会体现出更真挚的友情。

公爵　《一报还一报》，全集第1卷

假如他有时对我说话不客气，仿佛站在反对的一方，那也不用惊疑，因为良药的味道总是苦的。

伊莎贝拉　《一报还一报》，全集第1卷

要是我们永远没有需用我们的朋友的时候，那么我们何必要朋友呢？要是我们永远不需要他们的帮助，那么他们便是世上最无用的东

西，就像深藏不用的乐器一样，没有人听得见它们美妙的声音。

泰门 《雅典的泰门》，全集第 8 卷

对于一个耽好孤寂的人，伴侣并不是一种安慰。

伊摩琴 《辛白林》，全集第 10 卷

2 酒肉朋友终有散

酒食上得来的朋友，等到酒尽樽空，转眼成为路人；一片冬天的乌云刚刚出现，这些飞虫们早就躲得不知去向了。

弗莱维斯 《雅典的泰门》，全集第 8 卷

这沥青据古代著作家们说，一沾上身就会留下揩不掉的污点；你所来往的那帮朋友也是这样。

福斯塔夫 《亨利四世 上篇》，全集第 5 卷

欣幸获得新交的朋友，是比哀悼已故的亲人更为有益的。

国王 《爱的徒劳》，全集第 2 卷

只有新奇的事物是众人追求的目标，习见既久，即成陈腐；常道一成不变，持恒即为至德；人心不可测，择交当谨慎。世间的事情，大抵就像这几句哑谜。

公爵 《一报还一报》，全集第 1 卷

不要指导那一意孤行的人。

约克 《理查二世》，全集第 4 卷

友谊不过是些渣滓废物，虚伪的心不会有坚硬的腿，老实的傻瓜们也在人们的打躬作揖之下卖弄自己的家私。

艾帕曼特斯　《雅典的泰门》，全集第 8 卷

当命运突然改变了心肠，把她的宠儿一脚踢下山坡的时候，那些攀龙附凤之徒，本来跟在他后面匍匐膝行的，这时候便会冷眼看他跌落，没有一个人做他患难中的同伴。

诗人　《雅典的泰门》，全集第 8 卷

宴会上倘没有主人的殷勤招待，那就不是在请酒，而是在卖酒，这倒不如待在自己家里吃饭来得舒服呢。

麦克白夫人　《麦克白》，全集第 8 卷

送礼的人要是变了心，礼物虽重，也会失去价值。

奥菲利娅　《哈姆莱特》，全集第 9 卷

恶人的友谊一下子就会变成恐惧，恐惧会引起彼此憎恨，憎恨的结果，总有一方或双方得到咎有应得的死亡或祸报。

理查王　《理查二世》，全集第 4 卷

……惩罚了一个人的过失，可以叫他们不敢以身试法。

安哲鲁　《一报还一报》，全集第 1 卷

……一个人总要到了日暮途穷，方才知道人心是不可轻信的。

弗莱维斯　《雅典的泰门》，全集第 8 卷

十六　戏剧及其他

1　关于戏剧

请你念这段剧词的时候，要照我刚才读给你听的那样子，一个字一个字打舌头上很轻快地吐出来；要是你也像多数的伶人一样，只会拉开了喉咙嘶叫，那么我宁愿叫那宣布告示的公差念我这几行词句，也不要老是把你的手在空中这么摇挥；一切动作都要温文，因为就是在洪水暴风一样的盛情激发之中，你也必须取得一种节制，免得流于过火。啊！我顶不愿意听见一个披着满头假发的家伙在台上乱嚷乱叫，把一段感情片片撕碎，让那些只爱热闹的低级观众听了出神，他们中间的大部分是除了欣赏一些莫名其妙的手势以外，什么都不懂。

哈姆莱特　《哈姆莱特》，全集第 9 卷

可是太平淡了也不对，你应该接受你自己的常识的指导，把动作和言语互相配合起来；特别要注意到这一点，你不能越过自然的常道；因为任何过分的表现都是和演剧的原意相反的，自有戏剧以来，它的目的始终是反映自然，显示善恶的本来面目，给它的时代看一看它自己演变发展的模型。要是表演得过分了或者太懈怠了，虽然可以博外行的观众一笑，明眼之士却要因此而皱眉；你必须看重这样一个卓识者的批评甚于满场观众盲目的毁誉。啊！我曾经看见有几个伶人演戏，而且也听见有人把他们极口捧场，……瞧他们在台上大摇大摆、使劲叫喊的样子，我心里就想一定是什么造化的雇工把他们造了下来：造得这样拙劣，以至于全然失去了人类的面目。

哈姆莱特　《哈姆莱特》，全集第9卷

他们是全世界最好的伶人，无论悲剧、喜剧、历史剧、田园剧、田园喜剧、田园史剧、田园悲剧、历史田园悲喜剧、场面不变的正宗戏或是摆脱拘束的新派戏，他们无不拿手；塞内加的悲剧不嫌其太沉重，普鲁图斯的喜剧不嫌其太轻浮①。无论在演出规律的或是自由的剧本方面，他们都是唯一的演员。

波洛涅斯　《哈姆莱特》，全集第9卷

我曾经听见你向我背诵过一段台词，……它是不合一般人口味的鱼子酱；可是照我的意思看来，还有其他在这方面比我更有权威的人也抱着同样的见解，它是一本绝妙的戏剧，场面支配得很是适当，文字质朴而富于技巧。我记得有人这样说过：那出戏里没有滥加提味的作料，字里行间毫无矫揉造作的痕迹；他把它称为一种老老实实的写法，兼有刚健与柔和之美，壮丽而不流于纤巧。

哈姆莱特　《哈姆莱特》，全集第9卷

我听人家说，犯罪的人在看戏的时候，因为台上表演得巧妙，有时会激动天良，当场供认他们的罪恶。

哈姆莱特　《哈姆莱特》，全集第9卷

---

①　二人均系古罗马剧作家，前者写悲剧，后者写喜剧。

曾经有一个时期，一个脚本非得插进一段编剧家和演员争吵的对话，不然是没有人愿意出钱购买的。

罗森格兰兹　《哈姆莱特》，全集第 9 卷

我们的女主角可以坦白诉说她的心事，不用怕那无韵诗的句子脱去板眼。

哈姆莱特　《哈姆莱特》，全集第 9 卷

还有你们那些扮演小丑的，除了剧本上专为他们写下的台词以外，不要让他们临时编造一些话加上去。往往有许多小丑爱用自己的笑声，引起台下一些无知的观众的哄笑，虽然那时候全场的注意力应当集中于其他更重要的问题上；这种行为是不可恕的，它表示出那丑角的可鄙的野心。

哈姆莱特　《哈姆莱特》，全集第 9 卷

2　关于纪律

纪律是达到一切雄图的阶梯，要是纪律发生动摇，啊！那时候事业的前途也就变成黯淡了。

俄底修斯　《特洛伊罗斯与克瑞西达》，全集第 7 卷

要是采蜜的工蜂各自为政，不把采得的粮食归献蜂王，那么还有什么蜜可以酿得出来呢？尊卑的等级可以不分，那么最微贱的人，也可以和最有才能的人分庭抗礼了。诸天的星辰，在运行的时候，谁都恪守着自身的等级和地位，遵循着各自的不变的轨道，依照着一定的范围、季候和方式，履行它们经常的职责；所以灿烂的太阳才能高拱

出天，洞察寰宇，纠正星辰的过失，揭恶扬善，发挥它的无上威权。可是众星如果出了常轨，陷入了混乱的状态，那么多少的灾祸、变异、叛乱、海啸、地震、风暴、惊骇、恐怖，将要震撼、摧裂、破坏、毁灭这宇宙间的和谐！

俄底修斯　《特洛伊罗斯与克瑞西达》，全集第 7 卷

　　只要把纪律的琴弦拆去，听吧！多少刺耳的噪音就会发出来；一切都是互相抵触的；江河里的水会泛滥得高过堤岸，淹没整个的世界；强壮的要欺凌老弱，不孝的儿子要打死他的父亲；威力将代替公理，没有是非之分，也没有正义存在。那时候权力便是一切，而凭仗着权力，便可以逞着自己的意志，放纵无厌的贪欲；欲望，这一头贪心不足的恶狼，得到了意志和权力的两重辅佐，势必至于把全世界供它的馋吻，然后把自己也吃下去。……这一种混乱的状态，只有在纪律被人扼杀以后才会发生。就是因为漠视了纪律，有意前进的才反而会向后退却。

俄底修斯　《特洛伊罗斯与克瑞西达》，全集第 7 卷

3　关于音乐

　　音乐有一种魔力，可以感化人心向善，也可以诱人走向堕落之路。

公爵　《一报还一报》，全集第 1 卷

　　无论怎样坚硬顽固狂暴的事物，音乐都可以立刻改变它们的性质：灵魂里没有音乐或是听了甜蜜和谐的乐声而不会感动的人，都是善于为非作恶、使奸弄诈的；他们的灵魂像黑夜一样昏沉，他们的感情像鬼蜮一样幽暗。这种人是不可信任的。

罗兰佐　《威尼斯商人》，全集第 3 卷

每次，你啊，我的音乐，弹奏，

教幸福的按键随你纤指

发音时，每次，你慢拂轻扣

和谐金弦，扰乱我耳神时，

我就常常羡妒那些按键。

《莎士比亚十四行诗集》，第 127 篇

庄严的音乐是对昏迷的幻觉的无上安慰，愿它医治好你们那在煎炙着的失去作用的脑筋。

普洛斯彼罗　《暴风雨》，全集第 1 卷

俄耳甫斯①的琴弦是用诗人的心肠做成的，它的金石之音足以使木石为之感动，猛虎听见了会帖耳驯服，巨大的海怪会离开深不可测的海底，在沙滩上应声起舞。

普洛丢斯　《维洛那二绅士》，全集第 1 卷

美妙的音乐失去了合度的节奏，听上去是多么可厌！人们生命中的音乐也正是这样。

理查王　《理查二世》，全集第 4 卷

那野性未驯的小马，逞着它们奔放的血气，乱跳狂奔，高声嘶叫，倘若偶尔听到一声喇叭，或是任何乐调，就会一齐立定，它们狂野的眼光，因为中了音乐的魅力，变成温和的注视。所以诗人会造出俄耳

---

① 俄耳甫斯，希腊神话里的著名歌手，据说他能以歌声使山林、岩石移动，使野兽驯服。

甫斯用音乐感动木石、平息风浪的故事……

罗兰佐　《威尼斯商人》，全集第 3 卷

和谐中有龃龉，一派仙乐却奏得极难听。耳边极美的乐声，却引起心里深创巨痛。

《维纳斯与阿都尼》，全集第 11 卷

美妙的音乐就有这样的魔力，
万种愁绪进入了梦乡而安息，
在听到乐声的时候消亡。

凯瑟琳王后　《亨利八世》，全集第 7 卷

柔和的静寂和夜色，是最足以衬托出音乐的甜美的。

罗兰佐　《威尼斯商人》，全集第 3 卷

诗句当为美善而歌颂，
倘因贪利而赞美丑恶，
就会降低风雅的身价。

诗人　《雅典的泰门》，全集第 8 卷

诗句是爱神裤子上的花边；别让它见不得人。

俾隆　《爱的徒劳》，全集第 2 卷

4　关于想象

想象会把不知名的事物用一种形式呈现出来，诗人的笔再使它们

具有如实的形象，空虚的无物也会有了居处和名字。强烈的想象往往具有这种本领，只要一领略到一些快乐，就会相信那种快乐的背后有一个赐予的人，夜间一转到恐惧的念头，一株灌木一下子便会变成一头熊。

忒修斯　《仲夏夜之梦》，全集第 2 卷

一个小小的圆圈儿，凑在数字的末尾，就可以变成个一百万；那么，让我们就凭这点渺小的作用，来激发你们庞大的想象力吧。

致辞者　《亨利五世》，全集第 5 卷

美满的想象不过使人格外感觉到命运的残酷。

波林勃洛克　《理查二世》，全集第 4 卷

5 其 他

唯其因为它们是不常有的，所以人们才会盼望它们的到来；只有偶然难得的事件，才有勾引世人兴味的力量。

亲王　《亨利四世　上篇》，全集第 5 卷

黑夜使眼睛失去它的作用，但却使耳朵的听觉更为灵敏；它虽然妨碍了视觉的活动，却给予听觉加倍的补偿。

赫米娅　《仲夏夜之梦》，全集第 2 卷

最肥沃的土壤上最容易生长莠草。

亨利王　《亨利四世　下篇》，全集第 5 卷

眼睛不能瞧见它自己，必须借着反射，借着外物的力量。

勃鲁托斯 　《裘力斯·凯撒》，全集第 8 卷

有了丰美的牧草，牛儿自然肥胖；缺少了饲料它就会瘦瘠下来。

泰门 　《雅典的泰门》，全集第 8 卷

笨重的东西在巨大的压力之下，会用最大的速度飞射出去……

毛顿 　《亨利四世　下篇》，全集第 5 卷

爱火能热水，水冷不了爱。

《莎士比亚十四行诗集》，第 154 篇

《莎士比亚十四行诗集》简介

全诗集共154首，每首自成一体，但循着一条主线，即友谊和爱情的变化和发展，形成一个有机整体。诗人歌颂友谊和爱情，把这两者看做人与人之间和谐关系的表征，坚信美好事物将永存于世。一般认为，第1—126首写给一位年轻贵族，第127—154首则是为一位黑皮肤黑眼睛的女性而写。

施颖洲先生的《莎士比亚十四行诗集》原名《莎翁声籁》，是华语文学界如雷贯耳的翻译名篇，被台湾大学等著名院校外文专业定为"莎士比亚课程"的指定教材。